W0219224

La comédie de la vie au travail… et ailleurs

Des mêmes auteurs

ISABELLE BARTH ET YANN-HERVE MARTIN

La Manager et le Philosophe. Femmes et hommes dans l'entreprise : les nouveaux défis, Le Passeur, 2014.

ISABELLE BARTH

L'impulsion d'achat. Quand l'émotion rencontre la raison, L'Harmattan, 2016.

La Stigmatisation organisationnelle (coord. C. Bourion, F. Bournois et I. Barth), Eska, 2016.

Désapprendre pour réussir, EMS, 2015.

De la gestion à l'instrumentalisation des connaissances (coord. C. Bourion, F. Bournois et I. Barth), Eska, 2014.

La dangerosité sociale inhérente (coord. C. Bourion, F. Bournois et I. Barth), Eska, 2014.

Homo Mercator, grandeur et servitude du marchand au cours des siècles. Du passeur des mondes au commis voyageur, Protagoras, Marco, Édouard et les autres..., Éditions PAF, 2012.

Management et Religions. Décryptage d'un lien indéfectible (coord. I. Barth), EMS, 2012.

Quoi de neuf en entreprise ? La vente, Éditions européennes universitaires, 2011.

Les Petites Histoires extraordinaires des courses ordinaires (coord. I. Barth, B. Anteblian), EMS, 2011.

Le Management commercial, Dunod, 2010.

Nouvelles perspectives en management de la diversité. Égalité, discrimination et diversité dans l'emploi (coord. I. Barth et C. Falcoz), EMS, 2010.

Regards actuels sur la société contemporaine. La pensée de Georg Simmel (coord. I. Barth), L'Harmattan, 2009.

Souci de soi, souci de l'autre et quête d'insouciance (coord. I. Barth), L'Harmattan, 2008.

Le Management de la diversité. Fondements, enjeux, pratiques (coord. I. Barth et C. Falcoz), L'Harmattan, 2007.

YANN-HERVÉ MARTIN

Petit Traité de la liberté intérieure (préface de Rémi Brague), Le Passeur, 2014 ; éd. de poche J'ai lu, 2016.

La saveur de la vie ou la grâce d'exister, Salvator, 2012.

Meurtres sur échiquier, Les Nouveaux Auteurs, 2011.

L'ange au sourire, Les Nouveaux Auteurs, 2008.

Isabelle Barth
Yann-Hervé Martin

La comédie de la vie au travail... et ailleurs

DESCLÉE DE BROUWER

Cet ouvrage est publié
sous la responsabilité éditoriale
de Gabriel Raphaël Veyret

Tous droits de traduction,
d'adaptation et de reproduction
réservés pour tous pays.

© 2017, Groupe Elidia
Éditions Desclée de Brouwer
10, rue Mercœur – 75011 Paris
9, espace Méditerranée – 66000 Perpignan

www.editionsddb.fr

ISBN : 978-2-220-08603-3
EAN Epub : 9782220086071

Histoire de se mettre dans l'ambiance...

« Tu as vu Charlotte ? Comment peut-elle se comporter ainsi ? » ; « Francis est vraiment infernal avec ses blagues qui ne font rire que lui ! » ; « Pedro est tellement sympathique et humain » ; « Et Livia, avec son obsession du détail »... Nous connaissons tous par cœur ces retours de soirées ou de week-ends où nous nous livrons à la critique de ceux avec qui nous venons de passer des moments de rencontre et d'échange, sur le mode amical ou professionnel.

Que celui qui ne s'y est jamais essayé ferme d'emblée ce livre ! Il ne peut être qu'ermite ou parfaitement hypocrite. En tout cas, il ne s'inscrit pas dans ce jeu si humain du : « Je t'aime, moi non plus » qui fait parfois notre bonheur et souvent notre malheur, mais toujours le sel de notre existence d'être profondément social. Nous sommes tous des acteurs, nous jouons tous un rôle en ayant plus ou moins conscience de le faire. Ce livre se veut la caméra cachée de ce petit théâtre de la vie en société. Nous y pointons nos défauts, nous zoomons sur nos faiblesses, nous faisons des *travellings* sur nos qualités aussi, avec humour et tendresse pour prendre un peu de recul avec un monde qui trop souvent nous bouscule et nous submerge. C'est une autre forme de jeu que nous proposons à nos lecteurs, dans le but de rendre leur quotidien plus léger et plus souriant !

Sans doute aimerions-nous vivre dans une société de paix et de concorde, une société qui ressemblerait à celle des bergers d'Arcadie qui, d'après une antique légende, vivaient, travaillaient et se reposaient ensemble, d'une même âme et d'un même cœur, sans conflits, sans jalousie et sans rancœur. Cette société, convenons-en, avait toutes les perfections, sauf celle d'exister. Si nous tournons le dos aux sociétés imaginaires, il ne nous reste donc que les sociétés réelles. Et là, il faut bien l'admettre, le tableau est un peu moins idyllique. On y rencontre des hommes, des femmes, des jeunes, des vieux, des riches, des pauvres, des humbles et des orgueilleux, des cœurs doux et des cœurs durs, des esprits mous et des esprits forts… C'est d'ailleurs à se demander comment une telle société – entendons par là une société réelle – peut tenir sans s'effondrer sur elle-même ou, au contraire, se disperser jusqu'à ne plus laisser cours qu'à des destins solitaires.

Tout se passe donc comme si deux forces s'équilibraient tant bien que mal dans l'espace social. Une force que l'on pourrait appeler centripète et qui semble pousser les hommes au conflit, à la concurrence, à la confrontation des intérêts. Une autre que l'on pourrait dire centrifuge et qui les voue à la dispersion et à la solitude.

On retrouve cette idée dans une parabole amusante formulée par un philosophe, Arthur Schopenhauer. Nous ne résistons pas au plaisir de laisser ce philosophe vous la raconter lui-même :

> Par une froide journée d'hiver, un troupeau de porcs-épics s'était mis en groupe serré pour se garantir mutuellement contre la gelée par leur propre chaleur. Mais tout aussitôt, ils ressentirent les atteintes de leurs piquants, ce qui les fit s'écarter les uns des autres. Quand le besoin de se réchauffer les eut rapprochés de nouveau, le même inconvénient se renouvela, de sorte qu'ils étaient ballottés de ça et de là entre les deux maux jusqu'à ce qu'ils eussent fini par trouver une distance moyenne qui leur rendît la situation supportable. Ainsi, le besoin de société, né du vide et de la monotonie de leur vie intérieure, pousse les hommes les uns vers les autres ; mais leurs nombreuses manières d'être antipathiques et leurs insupportables défauts les dispersent de nouveau. La distance moyenne qu'ils finissent par découvrir et à laquelle la vie en commun devient possible, c'est la politesse et les belles manières (*Parerga et Paralipomena*).

Est-ce bien le vide et la monotonie de leur vie intérieure qui poussent les hommes les uns vers les autres ? Cela n'est pas certain. Peut-être faut-il plutôt reconnaître en chacun un désir de domination, qui le pousse vers autrui pour en faire d'abord un rival, doublé d'un désir de paix, de tranquillité et de sécurité, qui tend à l'éloigner de ses semblables ? L'homme, il n'y a pas de doute, est un être complexe. C'est d'ailleurs pour cette raison que la vie sociale est une comédie extraordinaire, celle d'hommes et de femmes incapables de vivre les uns avec les autres, et incapables de vivre les uns sans les autres. Ni avec toi, ni sans toi. Et c'est cette étrange tension que Kant, un autre philosophe, désignait d'un oxymore : l'insociable sociabilité. Selon lui, c'est cette *insociable sociabilité* des hommes qui confère à nos sociétés leur caractère contradictoire : courage et lâcheté, solidarité et égoïsme, appétit de pouvoir et désir de servir, organisation rationnelle et désordre des passions, tragédie et comédie.

Dans cet espace social tissé de contradictions, chacun s'efforce de trouver sa place, de se construire une personnalité susceptible, tout à la fois, d'être reconnue et d'être distinguée. Aucun de nous ne veut vraiment être différent des autres, de peur de se retrouver exclu. Aucun ne veut vraiment être semblable aux autres, de peur de devenir indiscernable. D'où les jeux subtils auxquels nous nous livrons tous pour entretenir un écart minimal avec ceux qui vivent, travaillent et s'engagent comme nous. À force d'être joué, ce jeu devient une composante de notre personnalité et nous le jouons alors sans même y penser, comme si c'était là notre nature ou notre caractère. Je suis comme ça, tu es comme ça, il est comme ça... et tout est dit. C'est pourtant oublier que nos caractères aussi ont une histoire.

Considérons par exemple une bande d'amis qui se connaissent depuis longtemps. Ils ont l'habitude de se rencontrer, de partir ensemble en week-end, d'organiser des voyages ou des fêtes qui sont pour eux l'occasion de se retrouver. Parmi eux, des hommes et des femmes. Certains ont des enfants, d'autres non. Ils ne font pas le même métier, ils n'ont ni les mêmes goûts ni les mêmes opinions politiques ou religieuses. Il leur arrive d'ailleurs de se chamailler, de se fâcher, de se réconcilier. Mais quand ils se retrouvent, on pourrait croire que chacun a longuement répété son rôle. Regardez celui-ci. C'est le maniaque de l'organisation qui a pensé à tout, même au papier toilette. Tournez votre regard vers celui-là. C'est le spécialiste du barbecue et il entend bien rester seul maître de son appareil. Cet autre multiplie les bons mots, les calembours et les plaisanteries, faisant sourire les uns et suscitant chez les autres un soupir consterné. Un peu plus loin, on peut reconnaître la spécialiste des compromis, l'expert en activités improvisées, la faiseuse de couples. Et si on prenait le temps de mieux les observer, on comprendrait que, au-delà de la répartition des fonctions, il y a aussi celle des caractères. Celui-ci est réputé pour sa susceptibilité, celui-là pour être demeuré un dragueur impénitent. On ne se refait pas, comme on dit. De cette façon, chacun se croit assuré d'être reconnu pour ce qu'il est.

Pourtant, il n'existe pas de casting qui aurait permis de recruter ces profils à la fois si divers et si complémentaires. À moins de croire à un étrange sens social qui pousserait les groupes humains à s'organiser inconsciemment autour de petites différences structurelles, il faut bien admettre que ces différences se sont élaborées dans le jeu social lui-même. S'ils sont bien ensemble, c'est parce que chacun a su trouver dans le groupe la place qui l'identifie, le rendant ainsi susceptible d'être reconnu. Ah, ce besoin de reconnaissance ! C'est lui qui conduit chacun à entretenir dans un groupe social cette altérité minimale qui fait de lui ni tout à fait le même, ni tout à fait un autre, c'est-à-dire une personnalité singulière et originale.

Ce sont donc des personnes singulières qui ont leur histoire, leurs désirs et les blessures qui vont avec. Mais ce sont aussi des personnages, c'est-à-dire des individus capables de tenir leur rôle. C'est assez facile quand les liens sociaux sont des liens d'amitié. Mais voilà, une société n'est pas un club d'amis.

Élargissons maintenant notre champ de vision. Laissons cette joyeuse bande à son week-end et portons notre attention sur un club de football, une association de randonneurs, un village, le comité local d'un parti politique ou une entreprise. Bien sûr, les buts ne seront pas les mêmes, ni les fonctions. Il s'agira moins de faire la fête que de conquérir le pouvoir, de gagner un championnat, d'organiser une manifestation ou d'accroître son chiffre d'affaires. Les fonctions non plus ne seront pas les mêmes. Ici ou là, les distinctions fonctionnelles seront doublées de différences hiérarchiques. Et pourtant, on retrouvera sans doute la même variété de caractères, la même capacité pour chaque personnage à jouer son rôle, à se tenir à sa place, à se conformer à ce qu'on attend de lui. Partout où des hommes et des femmes font société, c'est-à-dire se trouvent associés en vue de la réalisation d'un but commun qui exige une répartition des rôles, on retrouve certains caractères : le plaisantin, le discret, l'ambitieuse, l'égoïste, la bien-aimée de tous…

Ainsi va la comédie sociale qui est la forme la plus courante de la comédie humaine. Cette comédie, parfois drôle, parfois grinçante, nous a été racontée par des écrivains de talent. On pense à Balzac, bien sûr, et, plus près de nous, à David Lodge. Le roman, d'ailleurs, n'a peut-être que cela pour objet : les jeux sociaux en ce qu'ils ont de comique, de dramatique ou de tragique.

Mais ce n'est pas un roman que nous avons voulu écrire. À la manière de la tradition des *Caractères* popularisée par La Bruyère, nous avons préféré dessiner une galerie de portraits. Nous aurions pu les faire évoluer dans une université, dans un village, dans une communauté religieuse ou dans un parti politique. Nous avons choisi de les observer dans le monde du travail, de les regarder agir, espérer, obéir, commander, exiger, craindre, aimer, douter, comploter, manœuvrer, travailler... puis de prendre un peu de recul pour essayer de les comprendre, de les saisir dans l'unité singulière de leur personnage en ce qu'il a d'universel. Car il y a en chacun de nous beaucoup plus que soi-même, l'humanité tout entière d'une certaine façon, comme s'il y avait tout l'homme en chaque homme. Et c'est précisément cette incarnation de l'humanité en chacun, avec ses forces et ses faiblesses, ses vices et ses vertus, ses grandeurs et ses petitesses qui nous a obligés à un effort de compréhension. Comprendre, entendez-le au sens littéral : prendre ensemble ce qui se présente parfois comme séparé, distendu, éclaté pour tenter de restaurer son unité. Il a fallu pour cela un peu d'empathie et beaucoup de tendresse. C'est pourquoi nous avons gardé dans un coin de notre esprit cette maxime bien connue de Spinoza : « Ne pas rire, ne pas pleurer, ne pas haïr, mais comprendre. » Ou du moins essayer !

Le monde du travail, bien des lecteurs l'auront expérimenté, est un microcosme extraordinaire, un merveilleux terrain d'observation. On y trouve tout à la fois des structures et du désordre, des buts communs et des conflits d'intérêts, des actes de générosité et de médiocres égoïsmes. Tout ce qu'il faut pour comprendre l'effet de la diversité des caractères sur un complexe social. Nous ne voulions ni d'une société purement abstraite (une entreprise quelconque que l'on aurait laissé au lecteur le soin de se représenter à sa guise), ni d'une société trop concrète qui nous aurait conduits à passer à côté de l'universel que nous recherchons. Nous avons donc opté pour une entreprise à la fois bien configurée et indéterminée dans ses statuts. Cette entreprise imaginaire, nous l'avons appelée l'entreprise Plasma.

L'entreprise Plasma est une entreprise moyenne, elle emploie quelques dizaines de salariés. On ne sait pas exactement combien, mais suffisamment pour qu'il y ait un siège et des filiales en France et à l'étranger. Elle dépend d'une holding. Son siège est situé à Paris, ou à Bordeaux, ou à Avignon, cela n'a pas d'importance, l'empreinte régionale n'étant pas suffisamment forte pour marquer les comportements que nous étudions. Elle pourrait certainement être à Londres, à Buenos Aires ou à Tokyo, tant la nature humaine est universelle. De même, on ignore l'activité exacte de Plasma. Chacun projettera ce qu'il souhaite dans l'objet de Plasma et son fonctionnement quotidien. Plasma peut être une entreprise de services, développer un projet industriel. Elle pourrait tout aussi bien être un service public, une association ou un théâtre.

Les caractères que nous décrivons, les comportements que nous mettons en scène se retrouvent partout, quel que soit le milieu dans lequel les personnes évoluent. Nous en avons retenu vingt-deux. Pourquoi vingt-deux ? Parce que nous sommes arrivés au bout de notre premier cercle, « à saturation » comme disent les chercheurs. Mais il aurait pu y en avoir beaucoup plus et nous sommes certains que chaque lecteur saura prolonger cette liste. Pourquoi pas Propésine la taiseuse ? Ferrigore le marrant ? Ou encore Sargerette la superstitieuse ?

Le risque à courir en se lançant dans cette aventure était que nos entourages respectifs aient le sentiment de se reconnaître dans ces portraits pas toujours flatteurs. Nous les rassurons : Paterne, Brandon ou Fiorenzo sont nés de notre imagination et sont poussés à l'extrême dans la description que nous en faisons, ce qui explique l'originalité de leurs prénoms. Dans la réalité, nous sommes tour à tour un peu de ces personnages et même bien plus que cela !

Nous nous sommes aussi bien gardés d'associer un caractère à une fonction, à un physique ou à un sexe. Il aurait été tellement simple de décrire un chef de projet informatique comme un *geek* chevelu et introverti, un responsable comptable dans un costume étroit avec des petites lunettes à fine monture en acier, une directrice des ressources humaines sympathique, mais ferme avec un brushing coiffé décoiffé, ou encore un vendeur hâbleur avec des chaussettes rouges... Notre objectif n'était pas de rencontrer les clichés classiques ou l'imaginaire commun, même s'il est parfois plus simple d'enfoncer des portes ouvertes. Il nous a semblé plus amusant et plus convaincant de nous soustraire à ce carcan des idées toutes faites. Abandonner les stéréotypes pour créer des archétypes, tel était le challenge !

Nous « regarder faire », penser à Ambroisiane, à Wilbur ou à Lothaire quand nous aurons à affronter leur double dans la vraie vie pourra nous aider à sourire, et à nous protéger un peu derrière ce sourire.

Nous l'avons dit, la vie sociale est une comédie. Il appartient à chacun de nous qu'elle ne glisse pas dans la tragédie. Nous formulons le vœu que ce livre, modestement, œuvre dans ce sens. Bonne balade dans l'entreprise Plasma !

Quelques précisions avant de franchir le seuil de Plasma

Quand on s'attache à la question des comportements dans le monde du travail, on se situe au carrefour de plusieurs disciplines relevant toutes des sciences sociales. La psychologie, la sociologie, la philosophie et la gestion sont immanquablement convoquées. Un enjeu important est alors de bien distinguer des termes qui sont souvent employés les uns pour les autres, mal définis et mobilisés dans des champs différents.

Un travail d'analyse de la littérature de recherche dans ces domaines nous livre de nombreux concepts qu'on peut regrouper en deux grandes catégories. La première renvoie à l'individu de façon intrinsèque. On y retrouve les termes : *personnalité, caractère, trait, tempérament*, plus largement décrits par la psychologie. La seconde catégorie regroupe les mots qui dépeignent l'activité des individus, à savoir : *comportements, apprentissage, adaptation, compétences, expériences.*

Une analyse plus approfondie nous permet de considérer que le tempérament relève d'une vision biologique de l'individu. Selon les chercheurs, l'individu *naît* avec un tempérament. Ensuite, le milieu, les expériences que cet individu est amené à vivre vont forger ses traits de caractère par le biais d'apprentissages sociaux et cognitifs. L'ensemble de ses *traits* va constituer sa *personnalité*. Cette personnalité motive ensuite ses comportements et ses façons de s'adapter au milieu. On est bien dans une construction entre l'inné et l'acquis, renvoyant à un débat qui n'est pas près d'être clos.

Cependant, c'est la notion de « personnalité » qui semble être le concept le plus abouti. Il a été défini par Allport en 1997 comme l'« organisation dynamique au sein de l'individu de systèmes psychologiques qui déterminent son comportement, ses caractéristiques et ses pensées ». La personnalité est donc une entité unique qui traduit la façon dont une personne pense, réfléchit, agit et se comporte dans différentes situations.

On constate aussi un accord pour dire que la notion de « caractère », longtemps en vogue et retenue par des auteurs majeurs comme Théophraste (319 av. J.-C.) et bien sûr La Bruyère (1688), a été peu à peu abandonnée, car souvent associée à des connotations morales et à un jugement de valeur. Le terme « caractère » a donc été remplacé par la notion de « trait » qui se définit comme une « caractéristique durable, une prédisposition à se conduire ». Les traits sont les sous-dimensions de la personnalité.

La question qui vient immédiatement, c'est le nombre de ces dimensions, qui varie selon les études. L'organisation la plus connue est celle proposée par Digman (1990) nommée *Big Five* qui décline : l'extraversion, l'agréabilité, la consciensosité, le neuroticisme et l'ouverture aux autres.

Nous avons cherché, dans cet ouvrage, à décrire des archétypes, c'est-à-dire des « modèles primitifs », des modèles généraux représentatifs d'un sujet (d'après Jung), en regardant le monde du travail comme un lieu où se jouent au quotidien des interactions, où s'observent des comportements, où s'expriment des joies et des peines, sans que l'on sache bien pourquoi et comment.

Qu'est-ce qu'un archétype ? Dans tous les films, apparaissent des personnages archétypaux que nous nous plaisons à retrouver quels que soient l'action et le scénario. Ainsi, le *justicier*, le *voyou sympathique*, le *tueur en série*, le *méchant crétin*, la *prostituée au grand cœur* sont des archétypes. De la même façon, nous avons tous affaire à des personnages types qui se retrouvent dans le monde du travail, toutes activités confondues.

Dans la « vraie vie », un archétype n'existe pas et chaque personnalité relève d'une grande complexité. Se donner la peine de décrire ces archétypes nous permet aussi de repérer les « fragments » qui, par leur combinaison, composent des personnalités moins typées et bien réelles.

Confronter ces archétypes à l'analyse d'un philosophe, nous a semblé enrichir encore la réflexion pour prendre le recul nécessaire à une saine vision de notre réalité quotidienne au travail. L'enjeu est aussi de montrer que, si les siècles passent, les caractères ou les personnalités demeurent.

En effet, les portraits présentés ici ne font pas à proprement parler l'objet d'une analyse psychologique, mais bien d'un examen philosophique. Quelle est la différence ? Il n'a pas été question pour nous d'entrer dans la psychologie de l'ambitieux, du *cool* ou du lâche. Chaque conscience vivante a son histoire singulière et originale, ce qui veut dire aussi qu'il y a autant de façons d'être ambitieux que d'ambitieux. Ce qui nous a donc semblé intéressant, au-delà ou en deçà du profil psychologique de nos héros ou de nos anti-héros, c'est la nature même de la lâcheté, de la générosité. Pour le dire autrement, alors qu'un psychologue s'interrogerait sur la psychologie de l'hypocrite ou du méchant, le philosophe se demande ce que c'est que la méchanceté ou l'hypocrisie. Le portrait n'est ici que le support de la détermination d'une essence. Alors ne vous focalisez pas sur Tharpesse, Godehilde ou Wilbur. Mais quand vous les croisez, dans ce livre ou dans la vie, avant de leur reprocher d'être des despotes ou des vaniteux, posez-vous cette question qui, en toute logique, devrait être première : qu'est-ce que le despotisme ? Qu'est-ce que la vanité ?

Le lecteur sera guidé dans sa lecture par deux petits personnages qui symbolisent la manager et le philosophe avec chacun leur point de vue.

Lothaire, le perso

C'est là ma place au soleil. Voilà le commencement et l'image de l'usurpation de toute la terre.

Pascal, *Pensées*, frag. 64/295

Il travaille pour lui. Il est dans l'organisation sans y être complètement. Il dit « ils » quand il parle de l'entreprise. Il a de bonnes idées, mais fondées sur la critique. Il voit l'entreprise et son développement au prisme de ses propres intérêts. Il est présent et engagé quand cela peut lui être utile. Il ne s'intéresse au bien commun que pour en prendre sa part.

Lothaire se trouve entre deux avions, à l'aéroport. Il bénéficie du *Lounge* en tant qu'abonné et carte VIP d'Air France. Il a dû se battre pour partir avec cette compagnie, car le tarif proposé était largement plus onéreux, mais il lui fallait absolument ce voyage pour cumuler des points et garder son statut *gold* afin de pouvoir partir avec sa compagne quelques jours à Pâques. Lothaire regarde son smartphone et branche son ordinateur, tous deux flambant neufs : il est assez content, car il a obtenu de guerre lasse avec la Direction informatique, que tout soit renouvelé un an avant l'échéance décrétée par l'entreprise. Il lui en a fallu des mails, des appels téléphoniques et même une invitation au restaurant du responsable du service (sur note de frais, évidemment) pour arriver à ses fins ! S'ils veulent qu'il continue à avoir des résultats, il est normal qu'il ait de bons outils pour travailler.

Lothaire soupire, il faut qu'il appelle son assistante pour revoir son emploi du temps. Il a reçu un mail ce matin qui annonçait une réunion à laquelle il doit absolument se rendre pour être au courant des nouvelles orientations stratégiques. Il a tenu bon depuis le début de l'année pour assurer le service minimum, mais il pense pouvoir collecter, au cours de celle-ci, des informations qui lui seront précieuses. Ce sera un sacrifice, car il a horreur des réunions. Il a tellement l'impression d'y perdre son temps ! Après tout, le temps est le bien le plus précieux et il n'est pas question de le gaspiller. Il est encore étonné, après deux décennies de vie professionnelle, de constater l'implication de ses collègues et le temps qu'ils passent à régler des broutilles. Il a développé un vrai savoir-faire pour gérer ses mails ou lire des comptes rendus ennuyeux lors de ces réunions, pendant que les autres échangent. La plupart du temps, il suffit de hocher la tête ou de répéter la dernière phrase prononcée pour donner le sentiment d'être dans le débat ! Et puis, pour se faire plaisir, de temps à autre, prendre une vraie position avec des arguments complètement à contre-courant ! Cela met un peu d'animation, occupe ce petit monde, et cela n'engage pas à grand-chose, car les règles sont faites pour être revues et corrigées.

Lothaire regarde son ordinateur dernier cri – presque son meilleur ami dans le travail –, qui lui permet de faire avancer les vrais sujets quand les autres papotent pour établir des règles, des stratégies, des procédures… Tiens, un mail de la directrice des Ressources humaines ! Lothaire se dépêche de l'ouvrir, car il attend toujours cette prime qu'on lui avait promise et qui n'arrive pas assez vite à son goût. Déception ! La responsable de l'intégration des stagiaires lui demande d'en prendre deux sous son aile. Elle peut toujours demander ! Quel intérêt y a-t-il à cela ? Ils se sont déjà accrochés à plusieurs reprises à ce propos. Elle lui a sorti le couplet de l'entreprise ouverte sur le monde, de l'importance de transmettre une bonne image aux étudiants, de l'enjeu de bien les préparer au monde du travail… Sympa ! Mais à lui, qu'est-ce que ça rapporte ? Rien ! Strictement rien ! Du temps perdu… Elle peut le relancer autant qu'elle veut, ce sera « non ».

Elle ferait mieux de répondre à sa demande de congés ! Il a bien compris que la période qu'il a choisie n'était pas idéale pour l'entreprise, qui rencontre actuellement des difficultés ! Pas la peine de lui donner des leçons de morale sur le besoin de se serrer les coudes ! Lui, il a des billets d'avion à prendre et c'est le moment où ils sont le moins chers !

Son téléphone vibre. Par principe, il ne répond jamais : si c'est important, l'interlocuteur rappellera ou laissera un message ; si c'est sans urgence, cela ne vaut pas le coup de perdre son temps, même quelques minutes. C'était Bernardine. Elle a laissé un message. Il l'écoute, car Bernardine a souvent des infos intéressantes. C'est le cas ! La rumeur du départ du directeur se confirme, il va y avoir de gros changements, et certainement des opportunités à saisir.

Lothaire sourit, il est décidément très content d'avoir accepté de piloter le dossier pour la mise en place du nouveau logiciel Transat. Cela a été un peu compliqué et lui a demandé des efforts, mais il a l'impression que le retour sur investissement va se concrétiser !

A priori, rien de plus facile à définir que le « perso » : il ne pense qu'à lui et place systématiquement ses intérêts personnels au-dessus de ceux des autres, et au-dessus de l'intérêt collectif. La tradition philosophique, au moins depuis Rousseau, désigne sous le nom d'« amour-propre » cette tendance à se préférer à tout autre. Pour bien comprendre ce dont il s'agit, il convient de distinguer amour-propre et amour de soi. L'amour de soi est une forme saine d'attachement à soi qui conduit chacun à prendre soin de lui-même. S'aimer soi-même est une excellente chose, puisque c'est aimer exister, aimer être vivant, aimer être celui que je suis. Un tel amour ne rejette pas autrui, il le présuppose, tant il est vrai que j'ai besoin du regard d'autrui pour reconnaître en moi ce qu'il y a d'aimable. Mais l'amour-propre est autre chose. Il consiste à se préférer à tout autre, à privilégier égoïstement ses intérêts particuliers. L'amour de soi fait de moi un homme heureux d'exister. L'amour-propre fait de moi un individu qui ne peut éprouver de plaisir que dans la satisfaction égoïste de ses ambitions. Il aime moins être qu'être le premier, ou en tout cas le premier servi.

L'homme de l'amour-propre, le « perso » si l'on veut, a donc avec les autres des rapports tendus, essentiellement des rapports de concurrence. Autrui est d'abord, pour lui, un adversaire et peu importe qu'il soit de la même équipe. Il lui faut l'emporter sur ses partenaires aussi bien que sur ses rivaux. D'une certaine façon, Kant en dresse un excellent portrait dans la quatrième proposition de l'*Idée d'une histoire universelle*. Il utilise, pour désigner cet esprit permanent de concurrence, un oxymore des plus éclairants: «L'insociable sociabilité des hommes, c'est-à-dire leur inclination à entrer en société, inclination qui est cependant doublée d'une répulsion générale à le faire, menaçant constamment de désagréger cette société.»

En effet, le perso, tout à la fois, veut et ne veut pas être intégré dans une équipe. Il le veut, parce qu'il ne peut satisfaire son instinct de domination et ses penchants égoïstes qu'en se confrontant à autrui. Il ne peut en effet prétendre dominer autrui qu'en consentant à entrer en relation avec lui. Il ne le veut pas, car l'intérêt du groupe n'a rien qui puisse satisfaire sa cupidité. La société n'est pas pour lui un espace de collaboration, mais un espace de concurrence. Elle est nécessaire à la satisfaction de son amour-propre.

Il se peut, bien entendu, que le perso reconnaisse avoir besoin des autres. Mais ce ne sera jamais pour mieux œuvrer à la réalisation d'un projet collectif. Sur un terrain de football, le perso veut qu'on lui passe le ballon, à lui et pas à un autre, pour qu'il puisse marquer un but. Son but. Dans une entreprise, il ne peut accorder un peu d'intérêt qu'à celui qui, d'une façon ou d'une autre, est nécessaire au succès de ses entreprises. Ce qu'il aime dans une collectivité, c'est ce qui est susceptible d'être mis au service de ses intérêts privés.

Il arrive, certes, que le perso soit, à sa façon, un individu efficace. Qu'il soit un vrai buteur ou un commercial capable de faire « du chiffre ». Pourtant, si on prend un peu de recul pour mieux juger ses performances, on risque de s'apercevoir que ses résultats sont en trompe-l'œil. Pour un but marqué, combien de passes non faites qui auraient pu permettre de doubler la mise ? Pour un contrat juteux qui lui vaudra une prime, combien d'investissements refusés dans des opérations collectives moins rémunératrices ?

Reste à savoir si le perso est un type particulier ou le prototype de notre humanité. Toute une tradition de pensée, qui va de saint Augustin à Schopenhauer en passant par Pascal et Kant, semble voir dans l'amour-propre le propre de l'homme. Chacun, se préférant naturellement à tout autre, mettrait son intérêt personnel au-dessus de tout. Admettons. Mais cela ne doit pas nous empêcher de reconnaître que, quoi qu'il en soit de nos « instincts » naturels (ambition, domination, cupidité, égoïsme...), la vie sociale et culturelle nous apprend aussi à nous dépouiller parfois de nous-mêmes pour servir une cause dans laquelle nous n'avons rien à gagner à titre personnel. Les exemples seraient nombreux de sacrifices de l'amour-propre au nom d'une cause commune irréductible à la satisfaction d'intérêts personnels.

Quoi qu'il en soit de la misère de l'homme, pour reprendre une expression de Pascal, sa grandeur réside toujours dans ses capacités acquises à surmonter ses impulsions « naturelles ». Le sens de l'engagement collectif s'éduque, comme l'altruisme, la générosité, le souci des autres. Il n'y a d'ailleurs rien en nous qui soit authentiquement humain, sinon ce qui nous rend capables de nous élever au-dessus des limitations naturelles de notre humanité. Être perso, en d'autres termes, c'est sans doute très humain. Mais en nous faisant savoir que « l'homme passe l'homme », Pascal nous laisse penser aussi qu'être généreux, collectif et sociable, c'est être humain d'une autre façon, plus élevée et plus belle. Plus efficace aussi, sans doute.

Ambroisiane, la plus-que-parfaite

La générosité est ce qui nous élève vers les autres, et vers nous-mêmes en tant que libérés de notre petit moi.
André Comte-Sponville,
Petit Traité des grandes vertus

« Ambroisiane a dit », « J'ai vu Ambroisiane », « J'en ai discuté avec Ambroisiane »... Les couloirs et les pauses bruissent de ce prénom toujours associé à des superlatifs ou des adjectifs valorisants. Beaucoup d'admiration, une pointe d'envie, mais jamais de jalousie ou de remise en cause ! Ambroisiane a la cote. Elle plaît, aux hommes comme aux femmes, à ses collaborateurs comme à sa hiérarchie. Elle attire les regards et entraîne les autres dans son sillage. Elle arrive à concilier parfaitement une vie professionnelle intense et une vie personnelle riche et pleine. Elle est reconnue pour ses engagements dans la vie publique et associative, et son aura dépasse largement le cercle professionnel. Elle est tout à la fois capitaine d'équipe, modèle, référente. Ambroisiane est plus-que-parfaite.

Rosetta, la chargée des relations médias est tout excitée. Elle avait obtenu un reportage sur l'entreprise pour le journal télévisé d'hier soir et le résultat a dépassé ses espoirs les plus fous : le journaliste a été tellement séduit par Ambroisiane lors de leur courte interview, qu'il l'a invitée sur le plateau de la chaîne. Et Ambroisiane a été, comme d'habitude, excellente ! Séduisante, drôle, charismatique, les adjectifs pleuvent dans la pièce pour qualifier sa prestation. C'est amusant, car cette femme semble avoir toujours tout juste, quoi qu'elle fasse, sans jamais susciter la moindre acrimonie ou jalousie.

Rosetta se souvient de l'arrivée d'Ambroisiane il y a maintenant... dix ans ! (Que le temps passe vite !) Elle avait été recrutée de haute lutte (car elle avait été remarquée par trois autres entreprises) après dix années passées à différentes fonctions, et chacune référente dans son domaine d'activité. Malgré ce recrutement atypique et les enchères qu'il avait provoquées, Ambroisiane avait su séduire tout le monde dès son arrivée par son intelligence, sa bonne humeur et sa modestie non feinte. Cet état de grâce durait encore.

Elle avait une idée à la minute, un sens de l'organisation incroyable, un goût du partage remarquable et pilotait ses projets dans le plus grand respect des équipes qui collaboraient avec elle. Elle avait su, en quelques mois, changer du tout au tout le climat de travail de l'entreprise, transformant les grincheux en personnes ouvertes, les réticents en proactifs, les désengagés en impliqués... tout en réussissant le lancement de nouveaux produits et une complète refonte de l'image de l'entreprise.

Ambroisiane, malgré son implication professionnelle, sait aussi préserver du temps pour sa vie personnelle comme pour sa vie publique. Ses enfants, d'excellents élèves, sont épanouis ; son couple donne le sentiment d'être le lieu à la fois d'un grand amour et d'une grande liberté mutuelle ; et on ne compte plus le nombre d'associations ou de causes dans lesquelles Ambroisiane s'investit. Pourtant, elle sait dire non, toujours avec délicatesse et de façon argumentée, expliquant qu'elle ne peut s'engager si elle n'est pas certaine de pouvoir tenir ses promesses.

C'est dans le conflit qu'Ambroisiane fait toute la différence : elle admet les divergences, elle fait sortir ses interlocuteurs de l'affectif pour objectiver les dissensions avec clarté et simplicité. Elle s'exprime toujours sur un ton tranquille, aimable, sans jamais céder à l'énervement ou à la facilité de remarques acerbes. Elle avance ses arguments les uns après les autres, faisant céder les tensions et sachant trouver des terrains d'entente, même avec les plus irréductibles.

C'est dans les circonstances extraprofessionnelles qu'Ambroisiane suscite le plus d'admiration, car elle arrive, avec une parfaite décontraction, à faire valoir ses talents pour jouer du piano, chanter ou danser ! Ainsi, lors de la dernière fête de Noël, elle a rejoint sur scène le groupe de rock qui animait la soirée pour chanter en duo avec l'artiste. Le numéro s'est conclu par un tonnerre d'applaudissements et fait encore le tour des réseaux sociaux.

Le lendemain, à la première heure, décalage horaire oblige, elle accueillait une délégation de dirigeants asiatiques dans un anglais parfait et avec une maîtrise du japonais qui a subjugué ses hôtes.

Une grande inquiétude agite actuellement l'entreprise : elle va devoir faire sans Ambroisiane pendant quelques semaines, puisque cette dernière part en congé sabbatique pour une mission humanitaire à l'autre bout du monde. Elle emmène sa famille, bien sûr, et a réussi à mobiliser de nombreux financeurs, ainsi qu'une chaîne de télévision qui va suivre l'aventure au jour le jour, afin de faire partager au plus grand nombre la cause qu'elle défend !

Rosetta regarde encore une fois l'écran de télévision et pousse un grand soupir : Ambroisiane lui manquera, comme à tous. Son enthousiasme, son élégance, sa gentillesse… elle a « tout » ! Et même plus que tout ! Ambroisiane est plus-que-parfaite.

Il y a des gens comme ça, presque agaçants à force d'être admirables. Admirables ? C'est le mot. On peut apprécier le talent de quelqu'un, reconnaître ses compétences, estimer ses qualités humaines, respecter son autorité… Mais l'admiration est autre chose. Comme l'écrivait Descartes dans *Les Passions de l'âme* (art. 53) : « Elle est cette passion qui nous laisse étonnés devant une réalité fort différente de ce que nous connaissions auparavant ou bien de ce que nous supposions qu'elle devait être. » Celui ou celle que nous considérons comme « plus-que-parfait », c'est-à-dire admirable, nous apparaît ainsi dans la catégorie du « hors-norme ». Excédant toute mesure, il ne saurait être jugé selon les modes classiques d'évaluation. Il sidère, il suscite un étonnement si impérieux qu'il ne laisse place à aucune autre passion : ni la jalousie, ni l'envie, ni même la honte de ne pas être à sa mesure.

Reste alors à savoir ce qui constitue comme admirable la personne admirée. Elle est exceptionnelle, tout lui réussit dit-on. C'est donc bien qu'elle doit avoir toutes les qualités, voire davantage : attentive, efficace, compétente… et modeste, sans quoi l'agacement l'emporterait sur l'admiration; investie dans son travail autant que dans sa vie privée, organisée et disponible. Superman ou Superwoman.

Le portrait est trop beau pour être vrai. Difficile de croire qu'une telle personne puisse exister. Pourtant, le plus-que-parfait ne joue pas. La posture, chez lui, révélerait l'imposture. Mais il ne saurait avoir toutes ces qualités qu'on lui prête avec une si belle unanimité! Il faut donc bien qu'il dispose d'une vertu particulière qui exhausse chacune de ses qualités en atténuant ses défauts. Cette vertu particulière est la *générosité*.

Bien sûr, dans son sens le plus courant, la générosité est la vertu de celui qui n'hésite pas à donner. Mais pour donner, encore faut-il avoir de quoi donner. Aristote faisait déjà remarquer que l'abondance de biens retenus ne suscite aucune admiration. On n'admire pas quelqu'un pour ses qualités, mais pour la façon dont il les met au service des autres. On commence ainsi à comprendre que le plus-que-parfait est celui qui, doué de qualités réelles (et non pas simulées ou imaginaires), se montre généreux dans l'usage qu'il en fait.

On peut alors revenir à Descartes qui, toujours dans *Les Passions de l'*âme (art. 153), précisait le portrait de l'homme généreux en disant de lui qu'« il connaît qu'il n'y a rien qui véritablement lui appartienne, que cette libre disposition de ses volontés, ni pourquoi il doive être loué ou blâmé sinon pour ce qu'il en use bien ou mal».

Nous y voilà! Le plus-que-parfait, que l'on admire tant, n'est pas celui qui a toutes les qualités au plus haut degré. Une telle perfection serait aussi inhumaine qu'impossible. Il est simplement celui ou celle qui veut mettre au service des autres les qualités qu'il reconnaît en lui sans orgueil ni présomption. Et il le fait avec tant de simplicité qu'il ne semble même pas rechercher l'admiration dont il fait l'objet.

Ainsi, la position de celui que nous préférerons désormais appeler «le généreux» lui permet de tenir sa place entre ses subordonnés, qu'il ne saurait mépriser (et c'est pour cela qu'ils l'aiment), et ses supérieurs, devant lesquels il ne fait preuve d'aucune forme d'obséquiosité. Là encore, Descartes se montre d'une grande finesse dans ses analyses. Parlant encore des hommes généreux, il écrit ceci: «...ils ne méprisent jamais personne: et bien qu'ils voient souvent que les autres commettent des fautes qui font paraître leur faiblesse, ils sont toutefois plus enclins à les excuser qu'à les blâmer» (art. 154). Il poursuit un peu plus loin en montrant qu'une telle générosité respecte le jeu des hiérarchies sans en faire grand cas: «[Comme] toutes ces choses leur semblent

fort peu considérables, à comparaison de la bonne volonté pour laquelle seule ils s'estiment, et laquelle ils supposent aussi être, ou du moins pouvoir être, en chacun des autres hommes. »
Voilà sans doute de quoi cerner un peu mieux l'énigme de ces hommes ou de ces femmes hors normes qui suscitent la plus grande admiration. Leur vertu la plus haute est cette bonne volonté qu'on reconnaît en eux et qu'ils reconnaissent en chacun. S'ils ne s'attirent aucune jalousie, c'est parce que l'on voit en eux, non pas ce que l'on ne sera jamais, mais l'image de ce que nous avons vocation à devenir, malgré nos imperfections et nos défauts, même avec toute notre humilité et notre bonne volonté.

Brandon, le castrateur

La critique est la puissance des impuissants.
Alphonse de Lamartine,
Nouvelles Méditations poétiques

Si on devait lui attribuer un symbole, ce serait un instrument tranchant, qui ne sait faire que couper : couper la parole, couper dans la chair, couper dans l'espoir, couper dans l'envie de faire. Brandon ne sait faire que cela : stopper les élans, désamorcer les idées, décourager les volontés, détruire les espoirs... C'était une prédisposition, c'est devenu une activité à plein temps. Nul ne peut l'expliquer. Sans doute faudrait-il avoir recours à des analyses psychanalytiques ou psychologiques pour découvrir les causes et les ressorts cachés. Sans ces éléments, son entourage ne peut que constater les ravages que causent de telles attitudes, interpellations ou remarques. On le craint, on le moque secrètement, mais on ne l'affronte pas, car il a su, portant en bandoulière sa désapprobation et sa critique, prendre des fonctions qui lui confèrent toute immunité. Le rencontrer ou le côtoyer est une épreuve et chacun retient son souffle, imaginant les pires scénarios pour qu'il s'éloigne le plus loin possible et, si possible, définitivement. Brandon est un castrateur.

Le comité de pilotage de la conférence annuelle s'est réuni dans la salle de direction pour le *debriefing* de l'opération. L'ambiance est au beau fixe, car l'organisation a été une pleine réussite, tant pour le nombre de participants que pour l'excellent taux de satisfaction. La célébration est enjouée : on peut entendre les éclats de rire, les plaisanteries échangées jusque dans les couloirs adjacents.

Il règne en effet dans la pièce un joyeux brouhaha. Cela après des mois de travail intense qui ont mobilisé toutes les équipes et le stress lié aux trois jours de la conférence, ponctués comme il se doit, de nombreux ajustements de dernière minute à gérer dans l'urgence.

Soudain, les rires s'arrêtent, les interpellations deviennent murmures et chacun rejoint son siège en silence. Un observateur attentif comprendrait que ce changement est dû à l'arrivée d'un homme qui se dirige, sans un regard autour de lui, vers la place centrale. Sans qu'on ait touché au réglage de la climatisation, la température semble avoir baissé de plusieurs degrés. Brandon s'assoit, sort avec ostentation son dossier, dispose devant lui ses smartphones et croise les mains sur la table. C'est à ce moment-là seulement qu'il toise – plutôt qu'il ne regarde – l'assemblée. Après s'être copieusement raclé la gorge, il prend la parole. Tous ont alors le sentiment de recevoir sur la tête un seau d'eau glacée.

En effet, Brandon n'est pas du genre à se répandre en remerciements et en félicitations, mais aujourd'hui, il se surpasse ! Le tout est expédié en une phrase dont on peut compter les mots sur les doigts des deux mains. Le message délivré est que, si chacun a fait son travail, se surpasser fait tout simplement partie des attentes. Il s'agit maintenant de passer à la partie « points faibles » du projet, car pour Brandon, c'est en repérant tous les dysfonctionnements qu'on progresse. S'appesantir sur ce qui a bien fonctionné ne fait pas avancer.

Et là, les critiques pleuvent, les remarques acerbes s'enchaînent, les arguments sont nourris, les regrets longuement décrits. Les participants, si heureux et si contents d'eux quelques instants auparavant, baissent la tête. Les plus zélés prennent des notes, les plus rebelles gardent les yeux fixes, sans pour autant oser échanger des regards. Il n'y a aucune velléité de réprobation ou de mise en cause, ils sont anéantis. Une fois de plus, Brandon a réussi son œuvre destructrice. Ils s'en remettront, comme d'habitude, mais, à ce moment précis, ils sont déçus et démotivés.

Brandon est un castrateur. Il a l'art de détruire toute motivation, tout enthousiasme, toute envie de faire. Ses deux armes principales sont le soupçon et la critique acerbe. Remettre en cause le bien-fondé d'un projet, mettre au jour les points faibles d'une action, dénoncer les défauts d'une personne, pointer les ratés d'un processus constituent ses défis personnels. Il s'épanouit quand il abaisse ou quand il dégrade. Sa grande jouissance est de faire repartir un projet après l'avoir démoli, en feignant de ne pas comprendre pourquoi son porteur a baissé les bras ou s'est démotivé.

Son slogan est de « toujours faire plus avec moins » ! Et la mesure de ce plus ou de ce moins se fait à l'aune de ses propres critères. Ainsi, un salaire est trop élevé s'il est supérieur au sien, un budget est hypertrophié s'il dépasse celui qu'il a mobilisé des années avant pour un projet similaire, un thème est pertinent s'il rejoint ses préoccupations personnelles.

Brandon a terminé sa péroraison. Il a gagné la partie, les regards sont éteints, les gestes lents, les participants quittent la salle en silence. Il va maintenant falloir des mois pour y croire de nouveau ! Les plus impatients quitteront l'entreprise pour exercer leurs talents ailleurs, les autres attendront en retenant leur souffle qu'il aille sévir ailleurs, mais en renonçant, tant que Brandon sera là, à tout épanouissement dans leur activité. Brandon a encore su manier avec une précision hors pair sa faux de castrateur.

On pourrait commencer par l'appeler le rabat-joie. Il se reconnaît en effet à ceci que toute manifestation des affects un tant soit peu débordante lui semble une impudique incongruité. Que son équipe célèbre dans la joie un succès inattendu, qu'un subordonné se réjouisse d'avoir mené sa mission à son terme, et le voilà qui débarque pour mettre de l'ordre dans ce capharnaüm émotionnel. Vous n'avez fait que votre devoir!

Bien sûr, cela refroidit aussitôt l'ambiance. Sans doute passe-t-il à ses propres yeux pour une conscience morale intransigeante, qui exige de chacun qu'il fasse tout ce qu'il doit faire. Après tout, ils sont payés pour ça, non? Et si on vient lui dire que les objectifs fixés sont hors de portée, il trouvera des accents kantiens pour identifier le sens du devoir à une volonté froide, libérée des affres de l'affectivité: «Tu dois, donc tu peux!» Et qu'on n'attende pas de sa part de félicitations. Pourquoi remercier celui qui n'a fait que ce qu'il devait faire?

On comprend alors pourquoi on pourrait tout aussi bien l'appeler le castrateur. Il tranche froidement dans le vif, c'est-à-dire dans cette vie exubérante qui résiste à la seule fonctionnalisation. Au sens le plus propre, tout débordement l'exaspère et c'est pourquoi il coupe tout ce qui dépasse, tout ce qui déborde, tout ce qui ne se tient pas sagement dans les limites d'une fonction, d'un devoir, d'une raison qui doit rester maîtresse d'elle-même. Or, rien de plus débordant que l'affectivité qui tend naturellement à l'excès.

On pourrait bien entendu faire de cette figure une approche psychanalytique et expliquer sa froide rigidité par un complexe de castration. Peut-être sa mère lui a-t-elle fait peur un jour en le menaçant de la lui couper s'il continuait à jouer avec? Peut-être a-t-il découvert que cette mère, froide et distante, hostile à tout débordement, était dépourvue de pénis et qu'en elle rien ne dépassait? Cette mère si lointaine et tant idéalisée devenue un modèle abstrait et fantasmatique. Peut-être. Mais chacun a sa propre histoire, toujours singulière et unique. Trop singulière et trop unique pour se risquer à une psychanalyse type du rabat-joie.

En revanche, il n'est pas difficile de remarquer que le castrateur est l'homme de la dépersonnalisation fonctionnelle. Un collègue, un subordonné, un supérieur, ce n'est pas vraiment pour lui une personne. Juste une fonction. Or, une fonction n'a pas de sexe. Inutile avec elle de se montrer tranchant! Elle n'a pas de sentiment, elle n'a pas de désir, elle est sans joie et sans chagrins, et c'est précisément pour cette raison qu'elle rassure le castrateur.

Sans doute le castrateur serait-il plus à son aise dans un monde de programmes, de tableurs et de machines. Mais en y regardant de plus près, ce n'est pas si sûr. En effet, il aime trancher. C'est précisément ainsi qu'il manifeste son pouvoir, en mettant chacun en demeure de servir sans états d'âme, en transformant des personnes en robots, des missions en fonctions. Il exorcise ainsi cette angoisse d'être lui-même castré, amputé de ses émotions, privé de ce qui fait de lui une personne humaine, avec la complexité déroutante de ses affects. Ou plus précisément encore, ce n'est pas qu'il aime castrer, car cela serait déjà une forme de jouissance. Il *doit* le faire. Il doit purger son milieu professionnel des égarements de la sensibilité pour rappeler chacun à la raison, qui ne connaît rien de particulier parce qu'elle est toujours tendue vers un universel, aussi abstrait fût-il.

C'est pourquoi le castrateur fait souvent preuve d'un rigorisme moral désincarné. Pour ceux qu'il sert, il a un double avantage. D'une part, il incarne lui-même l'idéal de l'employé parfaitement fiable et fonctionnel; d'autre part, il ne risque pas de discuter les ordres ou de se rebeller contre une autorité. Pour ceux qui servent sous ses ordres, il est un monstre qu'on doit servir sans pouvoir l'aimer, un monstre froid qui sème autour de lui la plus grande désolation, un monstre devant lequel certains auraient presque honte d'être humains... si humains.

Fulgence, le blasé

Il faut croire d'abord. Il faut croire avant toute preuve,
car il n'y a pas de preuve pour qui ne croit rien.
Alain, *Propos sur la religion*

Il ne croit en rien, il est dans la nostalgie de ce qu'il a été et qu'il ne sera plus. Il a perdu l'envie et n'a plus l'énergie de se battre pour des projets ou contre l'adversité. Le projet commun n'a plus de sens pour lui. « À quoi bon ? », tel est son *credo*, même s'il a l'intelligence et la finesse de ne pas le dire et de ne pas le montrer. Il a tout vu, il sait tout, la nouveauté n'a pas de saveur pour lui, il promène son désintérêt et son ennui dans l'entreprise, au risque de propager la contagion.

Fulgence porte beau, il est difficile de lui donner un âge. Avec sa silhouette juvénile, il est d'une grande élégance sans aucun effort vestimentaire particulier. C'est son regard qui le trahit, un regard délavé qui semble toujours regarder autre chose que ce qui est là, en face de lui. Fulgence dégage un ennui sans fin. Il ne s'excuse pas, il ne fait pas semblant.

Aujourd'hui, c'est jour de visite du grand patron de la holding qui possède Plasma. La présence de Fulgence est requise, car il connaît bien le *big boss*, ils ont fait leurs études ensemble et ont partagé les mêmes succès professionnels. Leurs voies se sont ensuite séparées : Terence a continué son chemin vers le poste important qui est le sien maintenant, alors que Fulgence s'est impliqué dans la politique.

Fulgence a connu tout au long de ces années de belles aventures, mais aussi de grandes périodes de solitude et d'insuccès. Il a tout affronté et a tout surmonté, mais il y a laissé son « envie », envie de projet, envie d'avancer dans la vie. Chacun le voit comme un résilient et se demande comment il a pu franchir tous ces obstacles sur la voie qui l'a amené à tutoyer les plus hautes sphères du pouvoir comme à faire face aux plus infamantes mises en cause dans les médias.

Comme d'habitude, Fulgence arrive bon dernier, enveloppé de cette élégance un peu surannée qui lui semble innée. Comme d'habitude, il arrive les mains dans les poches. Ni papier, ni stylo, ni bien sûr aucun document, seul un smartphone dernier cri dépasse légèrement de sa poche. Il serre les mains avec nonchalance et chaleur, comme il l'a fait pendant des années lorsqu'il était en campagne. Il a le contact facile et amorce aisément une conversation, quel que soit son interlocuteur. Mais il semble toujours comme en retrait, ne pas croire à ce qu'il dit ni à ce qu'il entend.

Il échange avec plusieurs membres de l'équipe de direction qui sont avides de ses remarques, car ses analyses sont toujours d'une grande acuité. Il donne son sentiment sur une orientation stratégique, mais, comme bien souvent, il répond aux questions par une autre question, courte et cinglante. Celle-ci crée la distance tant elle est porteuse d'exigence et pointe le manque de pertinence de la formulation du problème comme l'insuffisance des informations qui le sous-tendent. Il marque ainsi son territoire. Il a été entouré, pendant de nombreuses années, par des experts tout à son service et il n'entend pas modifier sa façon de faire. Il veut bien accompagner Tiburste et Éden dans leurs analyses, mais ce sera à sa façon et sans concession sur la méthode. Comme bien souvent, ses collègues sont à la fois déçus et déstabilisés. Ils ne lui en veulent pas, bien au contraire, ils sont contents d'avoir accompli le rite : informer Fulgence, l'écouter... et aller de l'avant, sans en attendre quoi que ce soit d'autre. Un mélange de frustration et de soulagement assez perturbant, qui s'explique par le décalage entre l'image de Fulgence, sa marque personnelle, son passé prestigieux, et la vacuité de sa vie professionnelle actuelle. Brandon qui a toujours la dent dure, dit de lui : « Il a de beaux restes ! »

Mais voilà qu'arrive la délégation internationale ! Tout le comité exécutif du groupe est là, entouré des dirigeants de grosses compagnies asiatiques. L'enjeu est de taille, car des marchés sont actuellement en négociation et la visite du site sera déterminante. Le grand patron s'empare du micro et entonne son discours, en anglais bien sûr, ponctué de petites plaisanteries. Tout le monde applaudit avec enthousiasme. Vient le moment des remerciements. Le grand patron met alors en avant quelques collaborateurs avec un ou deux mots de présentation, chacun étant amené à faire deux pas en avant et à saluer l'ensemble des participants. Vient le tour de Fulgence, avec la liste de ses anciens titres et de ses fonctions politiques et associatives. À ce moment-là, l'atmosphère change, les invités sortent leur smartphone et se dirigent tous vers Fulgence : c'est à celui ou celle qui pourra être photographié avec lui, seul ou en groupe. Fulgence se prête au jeu avec une grâce fluide. Mais il est là sans être là. Ceux qui regarderont les photographies, s'ils en ont la curiosité, liront dans ses yeux le regret du temps où il était au cœur du pouvoir et au centre de tout ce qui fait la vie d'une nation.

Il va être invité au dîner des VIP de la société et il acceptera volontiers ce moment privilégié, mais sans rien en attendre. Fulgence est blasé. Il s'ennuie et ne trouve plus dans sa vie professionnelle le moteur qui l'a poussé à agir pendant des années. Il a la bonne grâce de rester dans le jeu, et l'entreprise qui l'emploie accepte de lui verser un salaire important, de le gratifier d'un titre valorisant, sans aucun rapport avec son engagement ou avec ses résultats. L'important est que la convention implicite entre Fulgence et son entreprise ne soit pas rompue par des comportements inadéquats. Sa docilité est le prix de son statut privilégié.

Il le sait, ils savent qu'il le sait, et cet accord implicite durera jusqu'à sa retraite, qu'il prendra avec des fastes inhabituels et en complet décalage avec son apport de ses dernières années à l'entreprise.

Une expression courante pourrait presque suffire à définir le blasé : « Il en est revenu. » Il est des caractères qui ont toujours été peu ou prou ce qu'ils sont encore. Le procédurier peut l'avoir toujours été, ou le vaniteux. Mais le blasé n'a pas toujours été blasé. Il y a d'abord cru. Il s'est autrefois engagé avec un certain enthousiasme dans des tâches qu'il accueillait comme des missions. Il y a investi son énergie, son talent. Mais voilà, les résultats n'ont pas été à la hauteur de son investissement. Il a, comme chacun, connu des échecs, des déceptions. Il a parfois été frustré de

la reconnaissance qui lui paraissait due et, peu à peu, a cessé d'y croire.
C'est ainsi qu'il en est revenu. Revenu d'où? De ces représentations premières d'un univers, professionnel ou privé, qui avait l'air taillé pour lui, en mesure d'accueillir toutes ses espérances. Pour revenir à quoi? À un monde morne et décevant qui ne lui semble avoir rien d'autre à offrir que le jeu ennuyeux des routines. Le blasé est entré en métier comme certains entrent en religion: pour conjurer l'ennui d'exister. Il n'est sorti de ses «illusions» que pour revenir à son ennui premier, ontologique. Le blasé, en effet, est l'homme de l'ennui. Quoi qu'il fasse, il a l'impression fâcheuse de refaire sans cesse la même chose, de revivre les mêmes expériences décevantes et insipides. S'il fallait donner un nom à son mal, on pourrait le désigner d'un mot qu'on n'utilise plus guère: l'*acédie*, l'un des sept péchés capitaux de la tradition chrétienne. L'acédie désigne, au sens propre, une fatigue spirituelle qui empêche l'effort de l'ascèse et de la prière. Chez les cadres, elle prend la forme d'un épuisement intellectuel, qui conduit à renoncer à tout effort pour se former, progresser, se remettre en question. J'ai dit «chez les cadres» parce que le blasé a toujours quelque responsabilité. C'est que pour assumer des fonctions d'encadrement, il faut y croire. Une tâche routinière et prédéfinie ne

suppose pas de forte implication personnelle. Une fonction managériale l'exige et le blasé n'en est plus capable.

Selon lui, c'est sans doute parce que rien de tout cela n'en vaut la peine. Il argue facilement de son expérience (l'expérience de ses déceptions) pour invalider toute croyance et tout espoir. Rien de nouveau sous le soleil, l'éternel retour du même. Cette façon de se distancier de toutes choses lui apparaît comme une forme supérieure d'acuité du regard. Le blasé est persuadé de voir plus clair que ses collègues, d'avoir le courage de voir ce qu'ils se refusent à considérer. Mais sa vision des choses est en réalité si distanciée qu'il en est devenu incapable de considérer les situations concrètes et toujours singulières, les personnes, toujours individuelles. Tous les mêmes ! Telle pourrait être sa devise. Comme le mélancolique dont nous parle Cioran dans *Sur les cimes du désespoir* : « Le détachement progressif de tout ce qui est concret et individualisé l'élève à une vision totale qui gagne en étendue ce qu'elle perd en précision. »

Si le blasé n'était que blasé, cela après tout ne serait pas si grave. Mais le blasé ne supporte pas de voir en autrui les espoirs qui étaient autrefois les siens et la foi qu'il a apostasiée. Y croire, selon lui, c'est être un naïf. Et vis-à-vis des naïfs, il manie une ironie amère. Non pas l'ironie facile et légère des pédagogues et des dilettantes, mais l'ironie tragique des désespérés, celle qui, toujours d'après Cioran, « reflète une crispation intérieure, un manque d'amour, une absence de communion et de compréhension humaines ». Une ironie « qui équivaut à un mépris déguisé », « qui dédaigne le geste naïf et spontané ».

Il pourrait y avoir chez le blasé quelque chose d'incurable. Toute guérison suppose en effet le désir de guérir et la croyance en l'efficacité de la thérapie. Mais le blasé ne se voit pas malade. Il se voit lucide dans un monde d'aveugles. Et c'est au nom de cette lucidité que, avec l'âge, son ironie désabusée tourne au sarcasme et ses sarcasmes au mépris. Le blasé s'est condamné lui-même à ne jamais connaître la carrière que son talent lui promettait.

Rufus, l'incompétent

L'homme honorable s'afflige de son incompétence. Il ne s'afflige pas de n'être pas reconnu des hommes.
Confucius

Il est incompétent, idiot, irresponsable. Tout ce qu'il fait pose problème, prononcer son nom annonce un ennui. On n'ose plus rien lui confier tellement on sait que la conduite du projet sera source de problèmes et d'incertitudes. Avec lui s'annonce la tourmente, ou même l'échec. Il est incompétent, mais ne le sait pas. Les années passant, il a acquis un vernis de connaissance qui fait encore illusion pour ceux qui ne le connaissent pas. Il a aussi, à force d'obstination et de présentéisme, su prendre une place qui le rend incontournable dans l'organisation. Il est là, au milieu du passage, sans voir que chacun dépense une énergie folle à le contourner.

Rufus arrive pour la réunion, à la grande surprise des participants puisqu'il avait annoncé il y a des semaines qu'il avait un déplacement important à cette date dont il ne pouvait se dégager! Personne ne s'en émeut, tellement la chose est courante. La semaine d'avant, c'était tout le contraire: au dernier moment, il s'était désisté pour un mystérieux rendez-vous urgent. Son assistante passe tout son temps à faire et défaire son emploi du temps, à gérer les réservations et les annulations qui vont avec. D'ailleurs, elle ne sait pas toujours où il est, car de nombreuses plages sont notées « bloquées » sur l'agenda sans qu'elle sache à quoi elles sont consacrées.

Rufus s'assoit et sort son précieux ordinateur où sont rangées toutes ses notes, ce qui lui permet de mener ses autres activités en parallèle et d'intervenir dans les échanges en rebondissant sur une information trouvée opportunément sur internet. Comme il n'a pas suivi le fil des propos, son apport reste souvent anachronique, mystérieux sur le fond, mais chacun écoute poliment, avant de revenir rapidement au véritable sujet.

En règle générale, tout se passe assez sereinement, mais ce matin Tiburste, à bout de patience, lui fait remarquer qu'il est « à côté de la plaque! » Et que ses objections ont déjà été traitées lors de la dernière réunion, « comme en atteste le compte rendu ». Rufus est choqué! Bien sûr il n'était pas là, non, il n'a pas lu le compte rendu, mais il a tout de même des choses à dire ! Il regarde ses autres collègues, mais chacun détourne le regard ou le plonge dans son écran ou ses papiers. Rufus ne se laisse pas abattre pour autant, il a tellement d'autres projets à mener pour son entreprise ! D'ailleurs, on lui propose de représenter l'entreprise à une réunion de partenaires ! C'est bien la preuve qu'il compte et qu'on a besoin de lui !

À l'issue de la réunion, Georgina, la responsable financière, vient le retrouver pour faire un point sur le dossier Aspargus. Les délais sont passés, elle n'a reçu que deux mails évoquant des pistes provisoires. Quand pourra-elle compter sur un rendu final ? Demain ! Ce sera pour demain : le travail est terminé et il a oublié de l'envoyer ! Georgina lève les yeux au ciel, tellement Rufus est prévisible. Quant à lui, il se précipite dans son bureau pour terminer le dossier Aspargus, complètement oublié, demandant au passage à sa secrétaire d'annuler tous ses rendez-vous de la journée.

Georgina rejoint Tiburste et Odilon pour leur point hebdomadaire. Il y a longtemps qu'ils en ont écarté Rufus, qui, pourtant, devrait y participer compte tenu de ses fonctions. Mais ses approximations permanentes troublaient trop l'avancée des activités. Rufus s'en plaint de temps à autre, mais oublie ou feint d'oublier, car il sait au fond de lui-même que des explications pourraient être problématiques. Enfermés dans le bureau d'Odilon, ils passent en revue l'ensemble des actions en cours, pointant pour bon nombre d'entre elles les insuffisances et les ratés de Rufus. Une partie de leur énergie passe à pallier les dysfonctionnements qu'il a engendrés. Mais il reste incontournable et le remplacer n'est pas à l'ordre du jour ! Encore dix minutes à commenter les errements de Rufus : « Et pour le projet Perce-Neige, on fait quoi ? On va bien être obligés de l'intégrer ?! Ça promet ! Je vais en parler à Sigeste afin qu'elle soit en doublon et veille au grain ! »

Rufus est comme un éléphant dans un couloir, et, à l'heure qu'il est, il parcourt des blogs qui lui donneront sa manne quotidienne d'informations et d'analyses, afin de garantir la mince couche de vernis qui évite son exclusion toujours possible… depuis des années !

Il est une forme honorable de l'incompétence, c'est l'incompétence de celui qui se sait incapable d'assumer une fonction qu'on voudrait lui confier. Elle suppose une belle lucidité quant à ce que l'on sait faire ou non, et c'est précisément cette lucidité qui peut pousser certains à refuser une promotion ou une mission qu'ils ne se sentent pas capables d'accomplir.

Les choses se gâtent quand l'incompétence n'est plus liée à la reconnaissance de ses limites, mais qu'elle affecte celui qui a pourtant accepté une tâche qu'il est incapable de réaliser. En ce cas, je suis incapable de faire ce dont je suis chargé, ce qui est, pour le moins, gênant. Le problème, avec cette forme de l'incompétence, c'est que, contrairement à la première, elle s'ignore elle-même. L'individu paresseux peut se reconnaître tel. Le procrastinateur peut reconnaître sa tendance à tout remettre à plus tard. Le cadre mal organisé peut reconnaître ses difficultés. Mais personne, jamais, ne se reconnaît incompétent une fois qu'il a accepté la fonction pour laquelle il a été jugé apte. Comment cela se fait-il?

On pourrait d'abord répondre en relevant avec une certaine ironie que l'incompétence, c'est toujours l'incompétence des autres. Ce sont toujours les autres qui ont mal fait leur travail, qui n'ont pas respecté les procédures, qui n'ont pas pris les bonnes décisions ou qui n'ont pas su prendre les bonnes initiatives. Encore une fois, on ne se juge jamais soi-même de façon assez sévère pour se trouver incompétent.

On pourrait aussi dire que le drame de l'incompétent, c'est qu'il est la première dupe de lui-même. C'est parce qu'il croyait à sa compétence qu'il a accepté cette fonction, et c'est parce qu'il continue à y croire qu'il veut en poursuivre l'exercice. Piégé par un jeu de représentations, l'incompétent est devenu incapable de se reconnaître tel.

Ces deux explications ne sont pas exclusives l'une de l'autre. Au contraire. Quand je suis incapable de reconnaître ma responsabilité dans l'échec d'une entreprise, je ne peux sauver la face qu'en reportant la responsabilité de l'échec sur autrui. Il faudrait aller encore plus loin. Si je peux affirmer que l'incompétence n'est pas de mon fait et reporter la faute sur autrui de façon à essayer de faire croire à sa responsabilité, c'est parce que j'y crois moi-même. Il n'y a pas de meilleure façon d'abuser autrui que de s'abuser soi-même. C'est parce que l'incompétent croit en sa compétence qu'il parvient parfois à y faire croire.

Mais comment un tel effet de croyance est-il possible quand la réalité devrait éclater au grand jour?

L'art de l'incompétent, c'est précisément de substituer à une compétence réelle les signes de la compétence. D'ailleurs, il arrive fréquemment que l'incompétent soit excessivement formaliste parce qu'il ignore, comme l'écrivait André Malraux, qu'entre fond et forme, « la forme est la compétence des incompétents ». À sa façon de se montrer formaliste, procédurier, occupé ou préoccupé, de juger les échecs des autres, de se comporter avec un certain détachement, de jouer l'homme d'expérience, de tenir les discours qui camouflent ses incapacités, il parvient à donner l'image de celui qui sait ou qui sait faire. L'incompétent est bien entendu un usurpateur, mais il maîtrise l'art de la mise en scène de soi au point de parvenir à produire, plus ou moins longtemps, des effets de croyance. À cet égard, il est semblable aux magistrats et aux médecins dont nous parle Blaise Pascal dans l'extraordinaire fragment 44 des *Pensées*: «Si les médecins avaient le vrai art de guérir, ils n'auraient que faire des bonnets carrés. La majesté de [leur] science serait assez vénérable d'elle-même, mais n'ayant que des sciences imaginaires il faut qu'ils prennent ces vains instruments qui frappent l'imagination à laquelle ils ont affaire et par là en effet ils s'attirent le respect.»

Ainsi, l'usurpation peut durer, grâce à une posture et une présentation de soi-même qui piègent la raison en frappant l'imagination. On ne saurait imaginer, nous dit Pascal, que ce juge vénérable vêtu d'hermine ignore à peu près tout de la véritable justice. De même, on ne saurait croire que ce beau parleur prompt à se justifier et habile à juger les autres est en réalité incompétent. Chez lui, les sortilèges de la parole accentuent ceux d'une gestuelle et contribuent à l'édification d'une image trompeuse. À sa façon, certes discutable, l'incompétent qui dure (et certains font carrière!) est un artiste. Il a su apprendre à se positionner en dehors du faire pour mieux camoufler le peu qu'il sait faire. C'est à son sujet que l'on pourrait reprendre cette formule d'une sagesse ordinaire et vaguement mutine: «Quand on sait faire, on fait; quand on ne sait pas faire, on commande.» Ou du moins on juge, on commente, on organise, on noie le poisson, on fabrique des rideaux de fumée.

Sous cet aspect, l'incompétent ressemble moins au médecin dont se moquait Pascal (et Molière après lui) qu'à l'orateur habile qui, d'après Gorgias, dans l'ouvrage éponyme de Platon, dispose d'un savoir censé tenir lieu de tous les savoirs: l'art de persuader. En effet, là où le savoir-faire du médecin peut venir buter sur un patient récalcitrant qui refuse sa potion, l'art du rhéteur, à en croire Gorgias avec lequel dialogue Socrate, peut venir à bout de la mauvaise volonté du malade. Ainsi, sans disposer d'aucune compétence spécifique, le sophiste serait, en vertu de sa puissance rhétorique, l'homme de toutes les compétences. Socrate a alors beau jeu d'ironiser: «La rhétorique n'a aucun besoin de savoir ce que sont les choses dont elle parle; simplement, elle a découvert un procédé qui sert à convaincre, et le résultat est que, devant un public d'ignorants, elle a l'air d'en savoir plus que n'en savent les connaisseurs.»

Nous voilà, d'une certaine façon, rassurés. L'incompétent ne peut abuser que les ignorants. Le problème, c'est que face à une compétence supposée qui n'est pas la nôtre, nous sommes toujours en situation d'ignorance. Quel poids auront mes soupçons face à un comptable dont je doute des compétences, moi qui ignore l'essentiel de la comptabilité? S'il est habile, il saura bien me circonvenir et m'embrouiller. Pas de doute, les incompétents habiles ont encore de beaux jours devant eux.

Paterne, le vaniteux

Tous les emportements, toute la violence et toute la vanité des grands vient de ce qu'ils ne connaissent point ce qu'ils sont.
Pascal, *Trois Discours sur la condition des grands*

Il est le nombril de son petit monde. Tout semble s'organiser autour de lui, en fonction de ses attentes et de ses contraintes. Il règne ou croit régner sur ses collaborateurs et ses collègues, sans noter leur sourire en coin ou leurs petites phrases entendues. Il n'entend que les compliments, car il les estime justes et dus, sans en percevoir la flatterie. Pour lui, son entourage l'admire, et ce n'est que chose normale, car ils savent bien qu'il est indispensable et apprécié de tous.

Paterne revient d'un déjeuner important au restaurant. Du reste, tous ses déjeuners, comme tous ses rendez-vous, comme tous ses dossiers sont de la plus grande importance stratégique. Il salue au passage ceux et celles qu'il considère comme ses collaborateurs, avec juste ce qu'il faut dans le regard pour qu'ils comprennent bien qu'ils dépendent de lui. Il n'hésite d'ailleurs pas à prolonger la conversation de quelques minutes pour s'enquérir de la santé ou des études des enfants de l'un ou de l'autre. Il est chef et il se plaît à le rappeler. Il arrive dans son bureau et rappelle son assistante, qu'il vient de croiser pour lui demander de lui apporter un café, « noir et sans sucre ». Cela fait pourtant deux ans qu'elle l'assiste et 1 284 cafés qu'elle lui prépare, mais il sent la nécessité de le lui redire...

Son bureau est à son image, ostentatoire, comme sa cravate et son costume sont d'une marque de luxe. Il a un peu grossi ces derniers temps et cela lui pose problème pour son image, qu'il voudrait irréprochable. Les parapheurs s'entassent sur son bureau, et son assistante lui rappelle que certaines signatures deviennent urgentes pour la bonne marche de l'activité. Paterne soupire, « ils » peuvent bien attendre un peu ! Cela leur montrera que rien ne leur est dû. Il est hors de question de céder à leur demande de délégation. Qui commande ? D'ailleurs, Paterne a un problème :

il vient d'apprendre qu'un de ses collègues a répondu à une interview d'un magazine national alors que le sujet lui revenait et que son statut le désignait comme la personne à interroger ! Il regarde avec dédain la photo de Tiburste en pleine page avec deux colonnes de propos. C'est agaçant et frustrant, alors que chacun sait que c'est lui qui fait tourner l'entreprise !

Paterne vérifie son emploi du temps. Ce soir, il ne doit pas manquer une réunion importante de son club de managers : c'est dans ces réseaux que tout se passe... Et quel plaisir de converser et d'échanger avec des personnes de son niveau ! Il a été très heureux quand on lui a proposé (à juste titre) la présidence de l'Amicale des Référents de la région ; c'est sa troisième responsabilité et ce n'est que la juste reconnaissance de ses mérites. Il doit maintenant préparer l'intervention qu'il fera lors de la réunion annuelle des collaborateurs. Il constate avec étonnement qu'il est le quatrième orateur et qu'on lui demande de limiter son propos à trois minutes trente, le PDG se limitant à cinq. On va voir ce qu'on va voir, ils ne vont tout de même pas lui couper le micro en plein discours ! Il a tellement de choses intéressantes à dire. Mais il est vrai qu'il doit inquiéter, car il n'hésite pas à remettre régulièrement l'équipe de direction sur le droit chemin, en critiquant les orientations qu'il juge stupides et inadéquates.

Lors de la dernière réunion stratégique, il a su mettre le doigt sur les sujets sensibles et rappeler, avec toute la diplomatie dont il sait faire preuve, qu'il n'avait pas approuvé les choix de ces dernières semaines. Il ne tient pas à être associé à des perdants !

On murmure que le directeur doit rejoindre une autre filiale, ce sera son heure, Paterne en est certain, il est tellement bon et apprécié de tous !

On reconnaît le vaniteux à des signes qui ne trompent guère, tant il est vrai que la vanité est un vice difficile à dissimuler. Le vaniteux s'emporte facilement quand les affaires ne vont pas au train qu'il souhaiterait, ou quand les résultats ne sont pas ceux escomptés. Entendons-nous bien, ce n'est pas contre lui-même qu'il se fâche alors, ni contre le sort, mais contre la bande d'incapables qui n'a pas su mettre en œuvre les compétences nécessaires à la réalisation d'un projet qui était pourtant parfaitement pensé. Car le vaniteux ne saurait croire qu'il a pu lui-même se tromper, mal élaborer ses plans ou se montrer imprécis dans ses analyses ou dans ses prospectives. Impatient, colérique, porté au mépris de ses subordonnés autant qu'à l'obséquiosité vis-à-vis de ses supérieurs, tout dans son attitude témoigne de son souci de montrer à quel point il est supérieur, plus clairvoyant, plus visionnaire, plus dynamique, plus investi.

Pour lui, les signes de la compétence importent plus que la compétence réelle. Non qu'il veuille à tout prix duper ses collègues en se faisant passer pour plus doué qu'il ne l'est, mais parce qu'il croit lui-même en cette supériorité qu'il affecte, et que sa croyance a besoin des signes qui la soutiennent : la reconnaissance manifeste de ses supérieurs, une façon de se tenir, de parler, de s'habiller, de regarder avec condescendance, de sourire avec retenue, de serrer les mains avec distraction...

Quand un projet réussit, le vaniteux s'en attribue le mérite, considérant que ce succès tient d'abord à ses compétences, dont celle qui le rend capable d'exploiter au mieux les compétences moindres de ses subordonnés. Quand un projet échoue, le vaniteux en reporte la faute sur les autres. Il ne dispose pas du personnel que mériterait son talent. Prompt au blâme, il a pourtant du mal à adresser ses reproches directement à ceux qu'il vise. Il préfère en effet que son jugement soit reconnu par ceux qu'il considère au moins comme des égaux. Il se plaindra donc plutôt à un collègue ou à un supérieur puisque ses lamentations elles-mêmes ont pour but de se faire valoir davantage. Il n'adresse pas ses reproches pour aider le fautif à progresser, mais pour faire comprendre à quel point lui-même est supérieur. Tout d'ailleurs, dans son discours le plus courant, vise à creuser l'écart entre lui et « les autres », entre son investissement et leur paresse, son professionnalisme et leur amateurisme, son savoir et leur ignorance, sa haute vision des choses et leurs mornes habitudes. Plus ridicule que détestable, il est incapable de s'apercevoir qu'on se moque de lui et de ses travers. C'est que son royaume, quoi qu'il en dise, n'est pas celui de la réalité, mais celui de l'imagination. Prenant pour ce qu'il est l'image qu'il s'est faite de lui-même, il vit ses relations à autrui sur un mode imaginaire. Il prend l'indifférence agacée de ses subordonnés pour de l'admiration et leurs sourires narquois pour de l'estime. C'est ainsi que le vaniteux est sa propre victime, une victime qui, tôt ou tard, viendra buter sur la réalité : la sienne, celle d'un individu qui n'a pas grand-chose qui permette de le situer au-dessus des autres ; celle des autres, dont les compétences valent parfois largement les siennes ; celle d'un monde en partie imprévisible au sein duquel ses compétences restent relatives.

Pascal propose un remède radical pour guérir de la vanité : briser les images enchantées de soi-même, se regarder intérieurement sans complaisance, « étant difficile que ceux qui se regarderaient intérieurement comme égaux à tous les hommes, et qui seraient bien persuadés qu'ils n'ont rien en eux qui mérite ces petits avantages que Dieu leur a donnés au-dessus des autres, les traitassent avec insolence».

En se détournant des images artificielles de soi pour se tourner vers lui-même, le vaniteux pourra découvrir que ses talents ne sont pas si rares, que ses subordonnés ne sont pas si nuls, que l'un d'entre eux sera d'ailleurs peut-être un jour son chef. Bien entendu, l'épreuve de réalité peut faire mal. C'est à ce prix sans doute qu'elle peut aussi être salutaire.

Bernardine, la lâche, celle qui n'assume rien

Dans beaucoup de prudence,
il y a toujours un peu de lâcheté.
Charles Lemesle, *Misophilanthropopanutopies*

Elle ne peut s'en empêcher mais elle reste dans le secret, elle camoufle tout, elle a peur de ses erreurs, elle n'ose pas imposer son point de vue et elle fait les choses en douce. Comme elle ne veut être responsable de rien, et ne se fâcher avec personne, elle passe son temps à souffler des petites phrases toxiques qui deviennent des vérités par leur fréquence. Elle n'écrit pas ou très peu pour ne pas laisser de traces. Elle se croit habile, mais l'est parfois trop, ce qui peut se retourner contre elle. Elle se croit aimée et appréciée, car elle acquiesce toujours, mais finalement elle est regardée avec méfiance, car son côté « ce n'est pas moi, c'est l'autre » a des effets boomerang qu'elle n'évalue pas à leur juste mesure, occupée qu'elle est à ses manœuvres.

Bernardine a le téléphone greffé à l'oreille, il sonne (ou, plus exactement, il vibre pour plus de discrétion) sans arrêt, pour des conversations très courtes, codées, de façon à ce qu'un témoin assistant à la scène ne puisse comprendre l'ensemble du propos. En revanche, tôt le matin, ou tard le soir, sur des plages horaires non professionnelles, les échanges vont bon train. Il n'est que rarement question de projets, mais plutôt de personnes et de la façon dont elles agissent. Le monde du dissimulateur est celui de l'affectif et de la relation personnelle. Rien n'est objectivé, le recul n'est pas de mise, et comme il lui est très difficile d'assumer ses actes, le lâche ne peut le faire que dans le chuchotement et sur le mode de l'hypothèse.

La phrase favorite de Bernardine est: «Je ne sais pas!» Si, «elle sait» ou croit savoir, mais elle n'assume pas son opinion.

La réunion pour boucler le nouveau projet de l'agence approche, Bernardine a déjà appelé tous les participants de façon individuelle pour les ausculter et leur faire passer son avis, mais de façon interrogative: «Mais, tu crois que…?» Elle a aussi utilisé ce que disait Hector auprès de Micheline et ce qu'elle avait compris de ce que pensait Micheline auprès de Rufus. Elle ne s'exprimera pas en réunion et se ralliera à l'opinion qui ressemble la plus à la sienne si on l'interroge directement lors d'un tour de table. Et, dès la réunion terminée, elle ira voir l'un ou l'autre, entre deux portes, pour commenter les décisions prises et les questionner à nouveau, indéfiniment.

Bernardine manque de confiance en elle, elle a besoin de se réassurer sans cesse auprès de collègues pour se forger ses propres convictions. Mais, à force de consulter tout le monde, elle est sans arrêt amenée à remettre en cause ce qu'elle avait établi. Elle vit dans un tourbillon permanent d'idées, faisant des allers-retours de l'un à l'autre. Elle travaille énormément pour compenser ses doutes et ces heures passées à échanger.

Si on jette un coup d'œil à son emploi du temps, il est truffé de réunions, de formations, de colloques, dont l'objectif est de *benchmarker*, de comparer, de regarder ce que font les autres, pour mieux les imiter. Si jamais son projet est un échec, il sera rassurant de savoir qu'elle n'est pas seule à s'être trompée.

En effet, Bernardine n'assume pas ses erreurs. Elle dissimule, elle s'acharne de bonne foi à trouver des explications ou des causes qui lui sont extérieures. Si elle est confrontée à un problème, elle reste sur le mode du questionnement : « Tu crois ? », ou du contournement : « C'est encore Georgina ! Je lui avais pourtant bien dit ! », ou encore du délai : « Je vais demander un récapitulatif. » Et si, le temps aidant, l'incident peut être oublié, tant mieux ! Ses tiroirs sont pleins de dossiers enterrés. Si l'opportunité se présente, Bernardine sait ressortir de ses cartons celui qui lui permet d'alourdir le casier à charge d'un collaborateur dont elle veut se débarrasser.

N'assumant rien, elle ne dit jamais en face à ses collègues ou collaborateurs ce qui constituerait des points de progrès dans leur comportement ou leur activité. Et, quand il y a crise, le dossier reste désespérément vide. Il ne reste que la rumeur et une vague impression sur la personne, qui résiste mal à une analyse précise de ses activités. Mais le mal est fait.

L'évolution professionnelle de Bernardine se fait en crabe. Elle profite des opportunités lors d'un départ ou bien évolue vers des fonctions élargies horizontalement, ou bien encore en quittant son entreprise. En effet, l'accumulation de ses petites phrases, de ses dissimulations, de ses petites lâchetés lui permet rarement d'évoluer dans la hiérarchie. Car Bernardine ne peut être, même si elle y aspire, une manager, tant ne pas assumer ses responsabilités est rédhibitoire.

Le lâche a peur d'être vaincu, peur d'échouer, peur d'être blessé. Il voit le monde non pas comme un parcours d'obstacles qu'il s'agirait de surmonter, mais comme un terrain sournoisement miné où le danger est partout, surtout là où on ne l'attend pas. Il considère toutes choses avec inquiétude et suspicion ; et pas seulement les choses, les personnes aussi. Ceux qui apparaissent comme des ennemis, des rivaux ou des concurrents lui semblent dotés de quelque puissance dissimulée. Il serait trop dangereux de les attaquer à découvert. Quant à ceux qui lui témoignent des marques de sympathie ou d'amitié, il ne peut s'empêcher de penser qu'eux aussi pourraient se jouer de lui et le trahir. Le lâche est toujours un peu paranoïaque et, s'il a compris que la peur n'évite pas le danger, il croit fermement qu'elle permet au moins de l'identifier ou de le deviner. Il essaie parfois de se rassurer en prenant sa peur pour de la prudence.

Dans le *Lachès* de Platon, les protagonistes sont d'accord pour dire que le courage est la vertu de celui qui se tient avec fermeté face à l'ennemi. Et il est vrai que si l'ennemi n'existait pas, ou simplement si je me croyais sans ennemi, le courage serait une inutile vertu. Mais Lachès est un vaillant général et le courage n'est pas une vertu exclusivement martiale. Dans l'ordre moral, le lâche n'est pas celui qui prend peur devant une armée qui se rue sur lui, c'est celui qui est à lui-même son propre ennemi. Il voudrait dire les choses en face, mais se dérobe au moment d'oser. Il voudrait dire ce qu'il pense, mais la crainte d'être contesté le rend timide. De même que le véritable courage est de lutter contre soi, de résister à ces tendances intérieures qui nous vouent à la paresse, la lâcheté est l'incapacité de résister à soi-même. Le drame, quand la situation est inquiétante ou dangereuse, n'est pas d'avoir peur. C'est de se laisser tétaniser par cette peur. Le lâche n'est donc pas celui qui a peur (il y a parfois de bonnes raisons à cela), mais celui qui se montre incapable d'affronter ses peurs. La lâcheté est donc bien faiblesse, à l'encontre de cette belle vertu que les anciens nommaient *fortitudo*, force d'âme, tension de la volonté. Car si la peur est une passion, c'est-à-dire une puissance que je subis, dont je pâtis, la volonté est cette faculté qui me permet d'agir, parfois malgré tout ce qui pourrait nous retenir de nous engager. Je peux avoir peur de donner mon avis, vouloir le donner malgré tout et le donner. C'est courage. Je peux craindre de m'investir dans un projet risqué et vouloir quand même m'y engager, malgré tout et malgré mes inquiétudes. C'est courage. Je peux être inquiet à l'idée d'exprimer un désaccord et m'en abstenir parce qu'en plus d'avoir peur, je ne veux pas vraiment prendre le risque du conflit. C'est lâcheté.

Le lâche n'est donc pas seulement lâche. Il est aussi velléitaire, ce qui veut dire qu'il aimerait vouloir afin de se donner les moyens de pouvoir, mais qu'il ne le peut pas. Puisque l'effort risque de ne pas être payé de succès, il est souvent paresseux. Parce que décider, c'est toujours renoncer à des choix possibles, il cède volontiers à la pusillanimité de peur de faire le mauvais choix. Parce qu'il ne sait jamais si l'avenir ne fera pas échouer ses projets, il se montre souvent attentiste. Parfois assez fin stratège, il préfère éviter les risques et aller dans le sens des avis dominants, ceux auxquels il pourra se rallier... ou plutôt ceux dont il pourra faire croire qu'il les a toujours partagés. L'opportunisme aussi est lâcheté.

Bien sûr, il arrive que les risques soient importants. Mais paradoxalement, confronté à des dangers ou à des problèmes réels, le lâche est souvent celui qui ne veut pas les voir, qui préfère les nier ou les sous-évaluer. Lui qui voit partout des menaces fictives échoue à considérer les véritables risques. Il a besoin de certitudes, mais ce sont précisément les certitudes qui lui manquent le plus. Alors il se retient d'agir. Il adapte ses comportements aux attentes prévisibles, hésite constamment entre des possibilités entre lesquelles il s'abstiendra de trancher.

Bien entendu, le lâche ne se voit pas comme lâche puisqu'il a besoin, par lâcheté encore, de se dissimuler à lui-même sa propre faiblesse. Il a peur de lui-même, peur des autres, peur du monde, peur d'agir, peur de décider..., mais l'image qu'il se fait de lui-même soutient, au moins provisoirement, sa capacité à louvoyer.

Si on le met en face de sa lâcheté, il protestera sans doute en se présentant comme un individu prudent dans un monde sournois. Pour mieux se dissimuler au regard d'autrui, il a besoin de se dissimuler à lui-même et de se dissimuler la réalité des choses. Il est si bien rivé au souci qu'il a de ses intérêts et de sa propre personne qu'il considère comme un risque de s'engager au service d'un projet collectif où il pourrait laisser des plumes.

Jasper, le despote

L'amour, lui aussi, est un despote et un faiseur de conquêtes il étouffe et enchaîne tous les autres sentiments.
Alexandre Dumas père, *Jane*

Il se présente comme le « père créateur » de l'entreprise, et attend donc de ses collaborateurs une reconnaissance éternelle et un dévouement sans faille. Ce ne serait que juste rétribution de son engagement à leur égard. Il les aime et sait exactement ce qui est bon pour eux. Toute sa vie a été guidée par le bonheur de ceux qui l'entourent. Ce qui implique une grande exigence, beaucoup de rigueur, et parfois un nécessaire rappel à l'ordre. Pour Jasper, la vie personnelle et la vie professionnelle se confondent souvent et il porte le même projet pour ses salariés que pour ses enfants : les mettre sur les rails du bonheur tel que lui le conçoit. Jasper est un despote.

Nous sommes le premier lundi du mois, il est 14 heures. Plasma attend l'arrivée de son fondateur ou de son « père créateur » comme il se plaît à se définir. En effet, cela fait bientôt cinq années que Jasper a quitté la direction de Plasma, mais il a gardé un rôle d'administrateur de la société et surtout un bureau au sein des locaux du siège. C'était sa plus grande exigence et, *de facto*, il n'est jamais complètement parti de l'entreprise. Certains disent qu'il « s'accroche », mais il ne le voit pas comme cela. Jasper estime que son rôle ne se termine pas avec son changement de statut : père créateur il est, père créateur il restera. D'ailleurs, ses collaborateurs sont toujours ravis de le revoir et d'échanger avec lui, les plus anciens, qui le connaissaient depuis longtemps, mais aussi les plus récemment embauchés, qui apprécient qu'on s'intéresse à eux. Car Jasper considère que diriger une entreprise, c'est être un peu le père (ou le grand-père en l'occurrence) de ceux et celles qui travaillent au projet commun. Pour lui, la vie professionnelle ne s'arrête pas aux horaires de bureau. Il a toujours considéré qu'il était essentiel de bien connaître la vie personnelle d'un collaborateur pour mieux le comprendre dans ses succès et ses échecs. Il a toujours fait ainsi et il s'en félicite tous les jours. Il a ainsi évité à bon nombre d'entre eux des dérives ou des erreurs de parcours ! Il se voit comme un parrain (sans le côté mafieux, bien sûr), à qui on vient se confier, à qui on demande des conseils et de l'aide. D'ailleurs, il serait bien incapable de dire le nombre de personnes qu'il a ainsi accompagnées, même s'il en a longtemps tenu le compte. C'est son devoir de chef d'entreprise et de manager et il n'entend pas y renoncer du fait de sa mise en retrait.

Jasper descend de sa grande voiture, Alex, son chauffeur, sur ses talons, les bras chargés de paquets. Il est comme ça, Jasper, il ne lésine pas ! Il a décidé d'apporter à chacun un petit ballotin de chocolats, car Pâques approche. Certes, c'est un petit cadeau, mais il estime que tout est dans le symbole. Savoir donner ! Et voir dans les yeux de ceux qui reçoivent la joie, la gratitude ! C'est ce qui lui plaît le plus.

Jasper avance à pas comptés dans le hall de Plasma, comme s'il était en campagne électorale, un large sourire aux lèvres, délivrant un geste amical ou une poignée de mains à celles et ceux qui le croisent. Évidemment, lorsqu'il s'agit d'un ancien, d'un collaborateur qu'il a connu dans le cadre de son activité, il ne manque pas de le saluer par son prénom et de lui demander des nouvelles de sa famille, car Jasper s'est toujours fait un devoir de connaître les prénoms des conjoints et des enfants de chacun. Il est même affectueux, surtout avec les femmes, si méritantes puisqu'elles ont à mener leur vie professionnelle en sus de la charge familiale !

En remettant les petits paquets enrubannés, il se souvient du temps où il distribuait les primes de fin d'année. C'était un instant magique ! Chaque salarié méritant passait dans son bureau et apprenait ce qui lui revenait selon des critères de mérite, d'engagement connus de lui seul. Les mauvaises langues évoquaient bien aussi le critère de « lèche-c... », mais il n'en avait cure : uniquement des envieux et des jaloux !

Plasma, c'est sa vie. Il ne l'a pas véritablement créée, c'est son père qui en a été à l'origine, mais il a hérité d'une toute petite structure pour en faire, en quatre décennies, une organisation importante et prospère, à son image. Il est d'ailleurs particulièrement satisfait que son portrait et celui de son père soient toujours disposés bien en vue, face à la porte d'entrée, pour mieux accueillir les visiteurs, comme on le ferait chez soi.

Les mois passent et Jasper doit constater qu'il y a de moins en moins de têtes familières, que ses gestes sont aussi moins appréciés et il trouve cela bien dommage. Il a donc décidé de se tourner vers d'autres projets où sa générosité sera mieux reconnue. Il a accepté la présidence de nombreuses associations, artistiques et caritatives. Ça ne se passe pas toujours aussi facilement qu'il le souhaiterait, car les bénévoles ne semblent pas pleinement conscients de tout ce qu'il peut leur apporter. Récemment encore, il a été obligé de « marquer le coup » en refusant des subventions parfaitement imméritées. Ce geste de fermeté a provoqué de vives réactions, mais il a tenu bon, car c'était ce qu'il fallait faire. De temps en temps, il se prend à constater qu'il était plus facile de gérer une entreprise familiale que des organisations où chacun a sa propre opinion sur le sujet.

Jasper est parfois déçu par l'ingratitude humaine et il trouve incroyable qu'on puisse lui demander de « se remettre en question », comme ça a été le cas récemment.

Il s'assoit à son bureau, ouvre le parapheur en cuir et sort son beau stylo, afin de signer quelques attributions de médailles du mérite, procédure qu'il avait mise en place « au bon vieux temps » ! Il jette un regard sur les nombreuses photos qui peuplent les murs : tant de générations de salariés se sont succédé dans les murs de Plasma ! Des sourires, des regards heureux ! Il aime tout particulièrement celles des enfants des collaborateurs auxquels il avait octroyé la possibilité de partir en colonie de vacances dans une propriété qui appartient à sa famille. Apparemment, cette institution ne rencontre plus aucun succès… Les arbres de Noël de l'entreprise aussi sont des souvenirs formidables ! Plasma a été une grande famille et il a le sentiment d'en être le patriarche, le *pater familias.*

Jasper observe la porte d'un air songeur : il est là depuis plus d'une heure, et personne n'a toqué ou passé la tête dans l'entrebâillement. Tant pis pour eux ! Il va repartir pour accompagner ailleurs d'autres destins et d'autres projets !

Il regarde sa montre, il a prévu d'acheter un cadeau pour son épouse à l'occasion de leur anniversaire de mariage. Il lui doit bien cela après quarante ans de « bons et loyaux services ».

On confond parfois le despote avec le tyran. Il importe pourtant de les distinguer soigneusement, tant la tyrannie diffère du despotisme, bien qu'un usage trompeur ait fait de ces deux termes des synonymes.

Le tyran ne vise rien d'autre que son propre intérêt et est prêt à écraser les autres pour parvenir à ses fins. Pour comprendre la figure du despote, il est sans doute utile de passer par le détour de l'étymologie. En grec, le despote, c'est le maître de maison, celui qui règne sur un espace domestique constitué par sa femme, ses enfants et ses esclaves, autant de personnages considérés comme incapables de se gérer eux-mêmes en raison d'un déficit de rationalité qui les oblige à se ranger sous la conduite d'un autre.

Le despote n'est donc pas celui qui tyrannise l'espace domestique, mais celui qui considère qu'il est seul à savoir ce qui est bon pour ceux dont il a la charge. Il est un adulte, une conscience rationnelle, un esprit éclairé, généralement un homme (mais pas nécessairement) et la représentation qu'il se fait de lui-même peut en faire une figure très sympathique. Car il est des despotes bienveillants qui portent réellement le souci de ceux qui leur sont confiés. Le problème du despote, on l'aura compris, c'est donc qu'il règne en maître débonnaire sur des adultes qu'il traite comme s'ils étaient des enfants. Peut-être les aime-t-il vraiment, mais d'un amour condescendant qui ne veut leur bien que pour autant qu'il se croit seul apte à le déterminer?

Ainsi, il y a toujours chez le despote quelque chose du poseur. Sa voix, sa façon de se tenir bien droit, son élocution, sa tenue, tout cela vise à imposer l'image du chef sûr de lui et soucieux de ses employés. Si l'un d'eux est malade, il ne lui suffira pas de prendre de ses nouvelles, il faudra aussi qu'il prenne soin de lui donner les meilleurs conseils pour bien gérer sa santé. Si vous venez le trouver pour une demande d'augmentation, il y a des chances qu'il vous laisse partir après vous avoir expliqué comment mieux gérer votre argent.

Le despote tient à la reconnaissance de ses collaborateurs. Disons-le franchement, il aime qu'on l'aime et se désolerait sans doute sincèrement d'être contesté ou haï. Ayant pris l'habitude de traiter ses subordonnés comme s'il s'agissait d'enfants, il lui arrivera souvent de se demander ce qu'il peut faire pour leur faire plaisir. Les despotes, contrairement aux tyrans, ne sont pas avares d'encouragements et d'éloges. Même leurs blâmes ont quelque chose de bienveillant. Cette générosité peut prendre une forme plus concrète. Le patron despotique peut vous octroyer une prime pour récompenser votre investissement. Toutefois, il verra dans cette prime un acte de magnanimité qui signale sa bonté plutôt qu'un acte de justice rapporté à votre mérite.

« Le patron despotique », venons-nous d'écrire. L'expression, au sens littéral, est presque un pléonasme. Le patron, étymologiquement, c'est le *pater*, la figure du père passée de la sphère domestique à celle de l'entreprise. Les patrons d'autrefois ne se satisfaisaient pas de donner du travail, ils organisaient la vie de leurs employés en veillant à leurs pratiques sportives, à leur conduite, à leur cadre de vie. C'est qu'il y a dans le despotisme patronal quelque chose d'intrusif. Puisque mon employé est comme un fils, je dois le traiter comme tel et veiller sur lui avec l'attention d'un père. Mais un patron n'est pas un père, ne serait-ce que parce que ses salariés ne sont pas des enfants. Son rôle n'est pas de veiller sur eux, mais de leur permettre de travailler ensemble en leur laissant le soin de déterminer pour leur propre compte les conditions de leur bonheur.

Il convient donc à l'esprit despotique de se convaincre que le bonheur de ceux dont il se sent responsable n'est pas son affaire. Sa responsabilité n'est pas celle d'un père, mais celle d'un manager. Son amour n'est pas celui d'une mère, mais une vertu morale qui le rend capable de considérer chacun comme une personne elle-même responsable.

Godehilde, la croisée

Il n'est pas un de nos actes qui, en créant l'homme que nous voulons être, ne crée en même temps une image de l'homme tel que nous estimons qu'il doit être.
Jean-Paul Sartre,
L'existentialisme est un humanisme

Godehilde est en arrêt maladie pour *burn-out* et personne ne peut y croire ! Godehilde la battante, Godehilde l'énergique, Godehilde le pilier de l'entreprise, celle qui avance, qui y croit, quel que soit le sujet, quel que soit le projet, aurait baissé les bras ? C'est quelque chose que personne ne pouvait imaginer, tellement Godehilde semblait incarner le dynamisme de l'organisation. Si la question se posait de convaincre en interne, de faire avancer des dossiers, de vendre l'image de l'entreprise à l'extérieur, c'est Godehilde qui était l'ambassadrice toute désignée. Évidemment cela implique d'être sur la brèche en permanence, de ne pas avoir d'états d'âme et d'« y croire » !

Quand le directeur s'exprime, on peut voir Godehilde noter frénétiquement sur son cahier ou taper avec énergie sur son clavier d'ordinateur, car elle prend tout en note, de façon exhaustive. Elle fera ensuite un compte rendu détaillé de tout ce qui a été dit et le renverra à tous les participants, car elle a besoin que les choses avancent, de se sentir moteur des projets.

Godehilde adore les projets, elle adore voir les personnes adhérer, elle adore avancer et concrétiser les intentions en actions. Elle apprécie, par-dessus tout, les moments où tout le monde se congratule parce que, enfin, le but a été atteint. Godehilde prend son travail en entreprise comme une mission sacrée, elle ne se pose pas de questions sur le pourquoi, elle concentre toute son énergie sur le comment. Une fois le but défini, elle va s'employer à faire converger toutes les énergies vers ce Graal. La difficulté, c'est que la vie de Godehilde est peuplée de graals, des petits, des plus grands, ceux qui seront faciles à atteindre, ceux pour lesquels le chemin sera long et laborieux. Quelle que soit leur ambition, elle déploiera *toute* son énergie, et *tous* ses talents, sans jamais s'économiser. Dans sa quête, elle comprend mal que tout le monde n'agisse pas comme elle, et, du coup, est perçue comme une personne volontiers critique, voire méprisante. Pour gagner en temps et en efficacité, elle renonce souvent à déléguer pour agir elle-même. Elle sera ainsi certaine que les choses seront faites et bien faites, c'est-à-dire selon ses critères.

Cette absence de partage lui vaut un certain isolement. Son manque de regard critique est source de moqueries. Ses succès et son éternelle énergie lui valent bien des jalousies. Godehilde est regardée comme quelqu'un d'exotique. Tout le monde est persuadé qu'elle aime ce qu'elle fait et que, par voie de conséquence, tout lui est facile. Comme enfermée dans son armure de conquérante, Godehilde est condamnée à avancer, droit devant elle, sous le feu des remarques acérées, des regards amusés, des réflexions blessantes, sans s'autoriser à se plaindre.

Même sa réussite lui est dérobée, puisqu'elle est considérée comme une évidence, intrinsèque à son activisme. Féliciter Godehilde n'a pas de sens, puisqu'elle est censée trouver sa récompense dans la réalisation de son *opus*. Là où d'autres recevraient des encouragements, des soutiens, des félicitations, des excuses toutes faites, Godehilde fait face à des spectateurs lointains, attendant au mieux son succès, au pire le moment où elle va trébucher.

Elle aime ce qu'elle fait, elle fait ce qu'elle aime, c'est le pire des péchés dans l'entreprise, en dépit des discours bien-pensants dans le domaine de la motivation et de l'engagement. Pour elle, L'entreprise, le monde du travail ont besoin de la souffrance et de la douleur pour justifier leur œuvre et leur existence. Les collaborateurs ne peuvent imaginer le bien-être au travail autrement que comme un fantasme hollywoodien. La plainte est dans l'ordre des choses. La facilité, le plaisir, l'envie ne font pas partie de la grammaire de l'entreprise et sont suspects aux yeux de tous, comme l'est Godehilde qui incarne tout cela à la fois.

Son isolement est d'autant plus difficile à vivre qu'il est tabou à ses yeux, car Godehilde est dans le déni du sacrifice qu'elle fait d'elle-même. Elle est dans la confusion des projets qu'elle mène et de sa personne. La réussite de ce qu'elle *fait* se confond avec la réussite de ce qu'elle *est*. Godehilde vit sa vie professionnelle comme une croisade. Le prix à payer est lourd, son hyper-engagement l'amène à renoncer à tout ce qui n'est pas sa vie professionnelle et lui interdit de se poser la question du « pourquoi ». La roue tourne sur elle-même : plus elle avance, plus elle est obligée d'avancer. Se poser, se donner le temps de la réflexion serait prendre le risque de voir cet échafaudage s'écrouler net.

Mais la vie se charge quelquefois d'introduire des grains de sable dans la machine la plus efficace et la mieux huilée. Lundi dernier, Godehilde n'a pas pu se lever de sa chaise à la fin de la réunion. Elle était littéralement paralysée. Ses jambes et ses bras ne lui obéissaient plus. Pourtant, elle venait de vivre un moment rare : l'aboutissement de l'un des projets les plus complexes et les plus longs qu'elle ait jamais eu à mener et qui venait d'être validé. Elle avait eu droit à quelques applaudissements de la part de ses collègues, même s'ils avaient tous dit qu'ils « étaient certains qu'elle allait réussir ».

Elle est rentrée chez elle, mais huit jours plus tard, son état s'est encore aggravé. Elle ne peut plus rien faire, comme vidée de sa substance vitale, elle, d'habitude si énergique et pleine de vie ! Moralement, rien ne va plus, Godehilde a lâché la rampe et sombre dans une forme de dépression qui alarme son entourage. Les médecins ont diagnostiqué un *burn-out*. Littéralement, Godehilde est « brûlée de l'intérieur », la flamme de l'engagement qui entretenait son feu intérieur, contre vents et marées, a cramé toutes ses connexions émotionnelles et toute sa motivation.

Sa croisade n'a plus de but, Godehilde n'a plus de raison d'être, il lui faudra longtemps, longtemps, pour remonter la pente et revenir dans le jeu professionnel. Elle le pourra si elle en a encore le goût et si elle a la capacité de s'impliquer à dose modérée, en se posant régulièrement la question des enjeux et de la hiérarchie de ses priorités.

Pour la première fois de sa vie, Godehilde est seule face à elle-même, sans armure, sans faux-semblant. Grâce à cette fragilité toute nouvelle, elle est perçue comme plus humaine par ceux qui, naguère, voyaient en elle une missionnaire, un OPNI, un objet professionnel non identifié.

On ne comprendra bien la figure du croisé dans le monde de l'entreprise qu'à condition de prendre au sérieux sa forme historique qui correspond à l'entreprise médiévale des croisades. Sans cette précaution, on risque de le confondre simplement avec le passionné, celui qui investit toutes ses compétences dans un métier dans lequel il s'épanouit, humainement et professionnellement. Mais si le croisé est un passionné, il est un passionné d'un genre bien particulier.

Le croisé est d'abord un mystique. Loin de comprendre son travail comme un « job » ou un « gagne-pain », il y voit un appel, une vocation, ce qui correspond littéralement au terme allemand *Beruf* employé par Max Weber dans *Le Savant et le Politique*. *Beruf*, c'est au sens le plus courant « la profession ». Mais *rufen*, c'est appeler, ce qui renvoie ici à cette idée d'un appel quasi surnaturel (vocation vient du latin *vocare*, appeler). Ainsi, le croisé ne remplit pas une tâche, il n'exerce pas un métier, il répond à un appel et investit toute sa personne... dans quoi, au juste ? Dans une opération de salut.

En effet, l'esprit de croisade est un esprit de crise. C'est parce que Jérusalem et le tombeau du Christ étaient tombés aux mains des infidèles que les papes lancèrent les croisades censées les libérer. De même, la figure du croisé en entreprise n'est pas une figure de l'ordinaire. Loin de la rencontrer au quotidien (contrairement au despote, au procédurier...), on la découvre dans des situations exceptionnelles, lorsque tout va mal et qu'il convient d'envisager les mesures les plus drastiques de licenciement, de réorganisation des conditions de travail, de coupes claires dans les budgets. Le croisé d'aujourd'hui veut sauver l'entreprise et la libérer des forces hostiles qui la menacent comme le croisé d'hier voulait libérer le tombeau du Christ.

Littéralement, il se sent donc en mission, envoyé et élu pour une opération de salut ou, si l'on préfère un terme équivalent mais plus contemporain, de sauvegarde. Cela suppose donc qu'il ait quelque responsabilité effective, mais qu'il ne soit pas le patron dont les intérêts bien compris sont avant tout des intérêts économiques. Le croisé est donc en général un cadre supérieur qui joue dans son engagement l'image qu'il se fait de lui-même. Cette mission est la mission de sa vie. C'est lui-même qu'il met en jeu dans sa gestion de la crise.

Mais comment cela est-il possible? Nous le comprendrons mieux si nous pénétrons un peu l'esprit du croisé. En partant libérer Jérusalem, c'est lui-même qu'il sauve. Sa démarche est une démarche pénitentielle, c'est-à-dire une opération d'expiation. De la même façon, le croisé en entreprise est le plus souvent un cadre qui a connu des échecs, a commis des erreurs et qui en a conçu une sorte de honte. La crise que traverse son entreprise lui apparaît donc moins comme une éventuelle catastrophe économique que comme une dernière chance de salut. Elle est pour lui l'occasion de se racheter, d'aller chercher la rédemption tant attendue. Ce n'est donc pas d'abord le destin de l'entreprise qu'il joue, mais le sien propre. Le salut de l'entreprise serait donc pour lui un bénéfice collatéral.

Salut, vocation, rédemption, pénitence... On comprend mieux en quoi la figure du croisé est une figure mystique. Le problème, c'est que s'il est de belles figures mystiques dans de nombreuses traditions religieuses, celle du mystique en entreprise relève d'un mélange des genres. En effet, derrière ce qui apparaît ici comme un homme d'action fortement investi dans la mission qu'il prétend incarner se dissimule en réalité une figure de la passion. J'entends ici la passion au sens littéral (*passio* en latin, ou *pathos* en grec, ce qui fait souffrir, qui empêche d'agir et de raisonner), et non pas dans le sens que lui a conféré une certaine tradition romantique.

Dans *Le Désir d'éternité* (chapitre 5), Ferdinand Alquié décrit cet état de passion. Retenons-en quelques caractéristiques :

– Le passionné semble tendre vers le futur, mais c'est en réalité le passé qui le retient et dont il ne parvient pas à se libérer. Éprouver le désir de s'affranchir d'un passé frustrant n'est pas la même chose que s'engager intellectuellement au bénéfice d'une organisation.

– Le passionné a l'air altruiste, mais il ne pense en réalité qu'à lui-même, à son désir, à son salut, à son amour... C'est d'abord lui-même qu'il entreprend de sauver.

– Le passionné surestime l'objet de sa passion et devient donc incapable de l'évaluer rationnellement. Or, comme la capacité d'agir efficacement est une capacité rationnelle, le passionné s'investit souvent en toute inconscience, pour ne pas dire en pure perte. Le résultat effectif compte moins pour lui que la façon dont il s'est investi.

– Le passionné est prisonnier d'un « désir d'éternité ». Il voudrait que l'objet de sa passion demeure toujours identique à lui-même. En effet, s'il fantasme sa valeur comme une valeur absolue, tout changement est une altération, une perte de valeur. Il lui faut donc à tout prix restaurer un passé mythique pour l'installer dans une éternité impossible. Loin d'être l'homme du réel, le passionné est l'homme du fantasme.

On l'aura compris, le croisé, s'il peut être admiré pour l'ampleur de son engagement et la radicalité de ses décisions, est en réalité une figure pathologique, au sens littéral encore une fois (*pathos* = passion). L'entrepreneur, le cadre dirigeant, le responsable économique sont d'abord des hommes d'action qui savent qu'aucune efficacité n'est possible sans une prise de recul rationnelle. Il faut, pour cela, savoir ne pas se confondre avec son objet. Il faut savoir qu'on peut très bien faire son métier (*Beruf*) sans pour autant le considérer comme une vocation (*Beruf*).

Wilbur, le procédurier

Comment serait-on jamais capable de venir s'asseoir à tout instant de la vie auprès de chaque particulier pour lui prescrire exactement ce qu'il doit faire ?
Platon, *Le Politique*

S'il avait un écu, ses armes seraient le parapheur, le manuel de procédures et le tableur Excel. Son heure préférée est 11 h 11, car c'est le seul moment de la journée où les barrettes sur sa montre sont bien alignées. On le considère comme un empêcheur de faire, ou comme le garde-fou de l'entreprise ; il angoisse ou il rassure, selon les moments, les enjeux ou les interlocuteurs. Quoi qu'il en soit, il ne laisse personne indifférent et il est incontournable, comme l'agent au centre du carrefour qui régente la circulation. Tout tourne autour de lui, et celui qui cherche un autre itinéraire sait qu'il prend le risque d'être en dehors des clous. Wilbur est celui qui dit la loi, en se centrant davantage sur la lettre que sur l'esprit. On le nomme Wilbur la procédure !

La pendule de la salle de réunion marque 9 h 59, dans une minute l'échéance pour rendre réponse à la demande du plus gros client de l'entreprise va prendre effet. C'est à 10 heures qu'il faut envoyer le mail qui marque l'acceptation, ou pas, d'une commande record, mais « hors normes ». Cela fait des semaines que tout le monde travaille à ce projet et les esprits sont échauffés, car les enjeux sont immenses pour le développement des affaires. Chacun y croit, chacun a envie que cela se fasse, mais chacun sait aussi qu'il y a le risque de ne pas suivre complètement les procédures édictées par les règles de l'entreprise. Ce risque est faible mais réel.

Tous les visages du comité de direction se tournent vers Wilbur. Wilbur est, comme à l'accoutumée, assis en bout de table, mais sans trôner, de façon très discrète. Il a devant lui les outils dont il ne se sépare jamais : son parapheur, son manuel de procédures et son ordinateur ouvert sur son tableur Excel. À ce moment précis – le temps semble suspendre son vol –, Wilbur compulse des documents qui portent des noms de code en référence à des territoires inconnus et étranges. Chacune de ses notes est rédigée dans un jargon incompréhensible au commun des mortels. Dans l'entreprise, seul Wilbur maîtrise complètement cette novlangue, ce qui lui donne un avantage crucial dans de nombreuses prises de décision, de la plus quotidienne à la plus stratégique.

Il y a longtemps que ses collègues ont renoncé à comprendre ce salmigondis de termes et de codes, mêlant des références à des lois, à des règlements, à des certifications, à des accréditations. Cette concentration de l'expertise rend l'entreprise vulnérable à la seule personne-ressource en la matière, et, sous le couvert du plus grand effacement et de la plus grande discrétion, Wilbur sait tirer avantage de la situation et du pouvoir qu'elle lui confère. C'est le cas en ce moment où l'avenir de l'entreprise semble dépendre de son seul vouloir.

Les plus anciens s'en agacent et font valoir qu'il n'en a pas toujours été ainsi. Ils rappellent que faire des affaires, c'est aussi savoir prendre des risques, et qu'avec la montée en puissance des normes et des règlements, toute entreprise se trouve toujours en infraction ! Leur voix porte, les interpellations se multiplient, mais les temps ont changé, la globalisation et son cortège de normalisations sont passés par là, et, en fin de compte, c'est bien le respect de la procédure qui l'emporte ! À ceux qui s'en plaignent trop ouvertement, il est rappelé deux ou trois épisodes sévères, pour lesquels, par manque de vigilance, l'entreprise s'est trouvée en demeure de payer une amende, a écorné son image ou a dû régler des réparations fort onéreuses à un tiers qui avait pu faire valoir une faille dans le respect des règles.

Cela fait maintenant dix ans que Wilbur tisse sa toile procédurière. Ses racines plongent dans le service Qualité et Process, qu'il fréquente assidûment pour ses normes et ses labels, le service Juridique, avec lequel il flirte régulièrement pour obtenir les derniers textes à jour, et le service Comptabilité et contrôle de gestion, où il s'abreuve de données chiffrées, ses préférées. Sa force est de savoir compiler et croiser ces trois sources pour en extraire ensuite la substantifique expertise au moment idoine.

Mais Wilbur peut se prendre à son propre jeu et, en lieu et place d'une sentence définitive, il ne saura que distiller des probabilités, des « si » et des « peut-être ». Dans son monde, les lignes sont claires, les interdits sont rois, les limites sont posées, la rationalité est de mise. Quand il croise celui de la vraie vie avec ses arrondis, ses clairs obscurs, ses émotions, il peut perdre facilement les pédales et se réfugier dans des analyses alambiquées qui n'autorisent qu'une solution : ne rien faire !

Son objectif est de protéger l'entreprise, mais sa logique est aussi de se protéger lui-même, et il n'entrevoit pour ce faire qu'une seule stratégie, celle du risque minimum, car, comme il se plaît à le répéter, « le risque zéro n'existe pas ». Son angoisse d'être en dehors des règles est contagieuse et, en cette fin de réunion, la fièvre procédurière a atteint l'ensemble du comité de direction, même si certains prennent des poses décontractées ou affectent des mines dégoûtées.

Wilbur sort la tête de son guide, jette encore un regard appuyé à son écran, saisit un document dans son parapheur, pose ses lunettes fines sur le côté, parallèlement à ses stylos. Il se racle longuement la gorge, car les mots semblent avoir beaucoup de mal à sortir, se frotte le front nerveusement et, le regard fixé sur ses mains jointes, entame son propos. Il va falloir respecter son rythme immuable. La synthèse n'arrivera qu'après le déroulé des propos liminaires, de l'analyse et des alternatives envisageables. Le tout sur un ton monocorde et avec une voix faible qui obligent tout le monde à tendre l'oreille.

Il est 10 h 12 quand Wilbur prononce son fameux : « En l'état des textes, des règlements, des procédures… ça doit être faisable », non sans ajouter son traditionnel *post-scriptum* : « Mais je dois encore me renseigner pour vérifier les trois points que j'ai soulignés et qui posent encore question. » Certains poussent un soupir de soulagement, d'autres un petit cri de victoire qui leur échappe ! Connaissant Wilbur, ils ont entendu un énorme *oui*, même s'il saura les poursuivre pour leur rappeler les petites lettres des codicilles.

On se congratule, on se pousse du coude, on échange des regards vainqueurs et, une fois de plus, on se félicite d'avoir un Wilbur, Wilbur la procédure, le Jiminy Cricket de l'organisation !

Il est des hommes et des femmes qui n'osent consentir à ce que Ferdinand Alquié appelait «le risque du réel». Ils ont besoin d'être rassurés et, pour cela, de substituer à une réalité toujours instable et imprévisible des schémas calibrés, des grilles d'analyse, des procédures éprouvées. Ce n'est pas simplement qu'ils ont besoin de rites et de protocoles. Nous en avons tous besoin. C'est que, chez eux, le rite et le protocole n'ont pas seulement pour fonction de constituer le cadre général d'un processus d'action rationnalisé. Ils constituent le cadre précis dans lequel le réel est convoqué, auquel il est sommé de se plier.

C'est ce genre d'individu que nous désignons sous le nom de «procédurier». Ce qui compte pour lui, ce n'est pas la situation particulière à laquelle il est confronté. Pour lui, d'ailleurs, il n'existe pas de situation particulière. Il n'existe que des situations types qui doivent être suffisamment élaborées pour pouvoir intégrer tous les cas possibles. Le procédurier substitue à la réalité un système de représentations rassurantes parce que familières, ainsi qu'un arsenal de rites et de protocoles censés conjurer le désordre du monde.

Hélas, la réalité excède toujours les représentations schématiques dans lesquelles nous sommes parfois tentés de l'enfermer. Nous aimerions tous vivre et agir dans un monde ordonné et prévisible. Nous aimerions que nos plans d'action puissent correspondre exactement à la réalité des choses, que les procédures respectées comme il se doit garantissent les résultats. Mais ce n'est pas cela la réalité. Le réel résiste toujours aux représentations que nous nous en faisons. Il intègre la contingence, ce qui veut dire que ce qui advient aurait pu tout aussi bien ne pas advenir. L'effondrement d'un marché, une crise économique, une augmentation du prix des matières premières, une épidémie qui laisse chez eux une part importante du personnel, il n'y a rien dans tout cela qui puisse être compris selon un ordre nécessaire. Un employé calibré dans des grilles d'analyse est censé être prévisible, parce qu'il est censé faire ce qu'il doit faire. Un employé réel est parfois malade, rétif, grincheux, contestataire... ou au contraire inventif et généreux.

C'est précisément ce caractère contingent du réel qui angoisse le procédurier. Il faut pour lui que les choses se passent comme elles doivent se passer. C'est donc à lui de fixer et de rappeler ce qui doit être fait et comment cela doit être fait.

D'une certaine façon, le procédurier est l'homme du devoir, mais le devoir qu'il invoque n'a rien d'un devoir moral. Faire ce que l'on doit faire, pour lui, ce n'est rien d'autre que suivre les règles, consentir à un formalisme prétendument rationnel qui n'exige rien d'autre que le respect scrupuleux des procédures. Son devoir n'est pas de contenu, mais de forme.

Entendons-nous bien, il ne s'agit pas de prétendre que les procédures seraient vaines et inutiles. Au contraire, c'est précisément la contingence du réel qui nous oblige à établir des plans d'action qu'on espère efficaces. D'ailleurs, plus la situation est risquée et dangereuse, plus les règles doivent être précises et les protocoles éprouvés. C'est, par exemple, ce que sait bien tout militaire engagé sur un terrain d'opérations. Mais ce qu'il sait aussi, c'est que quand la situation est hautement instable, le respect des procédures ne suffit pas toujours et qu'il faut alors parfois leur substituer le génie et l'inventivité d'agents libres, audacieux et responsables.

C'est peut-être cela d'ailleurs que fuit le procédurier: la responsabilité. Selon lui, on n'a rien à se reprocher quand on a suivi à la lettre les consignes procédurales. Quand on a fait ce que l'on devait faire. Ce n'est pas vis-à-vis d'une conscience claire de la situation qu'il engage sa responsabilité, mais vis-à-vis d'un ensemble de règles formelles. Il est l'homme de la règle générale et abstraite qui doit pouvoir correspondre à tous les cas de figure possibles.

Il y a précisément là un problème que Platon et Aristote avaient su voir il y a presque 2 500 ans. C'est le problème de l'universalité de la règle qui, par conséquent, n'est jamais parfaitement adaptable à la singularité des situations particulières. Dans l'*Éthique à Nicomaque* (1137b), Aristote fait preuve d'une belle sagesse : « Chaque fois donc que la loi se prononce en termes généraux et que survient un cas qui, sur ce point, fait exception à la règle générale, il est normal [...] de corriger le défaut. »

Dans le contexte qui nous intéresse ici, la loi équivaut à la règle formalisée que chacun est censé suivre. Mais reconnaître que l'esprit de la procédure doit l'emporter sur la procédure, c'est reconnaître qu'un peu de bon sens est parfois nécessaire pour agir opportunément, non pas contre la règle, mais selon son esprit. Car la procédure ne vaut pas pour elle-même et en tant que telle. Elle n'a de sens qu'à fixer un cadre général pour des actes complexes parce que singuliers. Ou, pour le dire autrement, dans des situations compliquées et singulières, l'individu ne doit pas se caler sur la règle, mais doit adapter la règle à la singularité d'une situation indéterminée.

On retrouve ici une image éloquente qui nous est proposée dans la suite du texte que nous venons de citer, celle d'une règle de plomb assez souple pour se plier aux singularités de ce qu'elle mesure (*Éthique à Nicomaque*, 1137b29) plutôt que celle d'une norme rigide et nécessairement inadaptée aux situations particulières. Cette règle de plomb, nous dit Aristote, est la règle de l'honnête homme, celui qui ne saurait se tenir quitte de tout reproche sous le seul prétexte qu'il aurait suivi les procédures.

L'honnête homme est donc tout le contraire du procédurier. Le premier articule la conscience de son devoir à un esprit de justesse qui lui permet de coller au mieux à la situation. Le second ne connaît pas d'autre devoir que ce que la procédure indique devoir faire. Sa rectitude est sans âme et ses protocoles inefficaces dans des situations complexes.

Fiorenzo, le bien-aimé de tous

Qui n'aime être aimé ? Qui ne se réjouit de la joie qu'il procure ? Par quoi l'amour nourrit l'amour, et le redouble d'autant plus fort, d'autant plus léger…

André Comte-Sponville,
Petit Traité des grandes vertus

On dit que l'organigramme est le reflet de l'organisation et des lignes de pouvoir dans les entreprises. En fait, il n'est que la traduction des hiérarchies formelles. Les véritables relations relèvent du sociogramme, et, quand on essaie de le tracer, on se rend compte que des personnes qui sont tout au bas de l'échelle hiérarchique dans l'organigramme officiel, sont en réalité au centre de la vie de l'entreprise. Ce sont des « attracteurs étranges » autour de qui tout semble s'organiser de façon harmonieuse. Ils sont au courant de tout, ils mettent les gens en relation, ils désamorcent les conflits potentiels, ils créent des liens entre des projets ou des événements. Alors que cela n'a rien à voir avec leur fiche de poste, ils le font de façon naturelle et évidente, pour aider, pour faire plaisir, sans attendre rien en retour. Fiorenzo fait partie de ces personnalités si précieuses à la vie de l'organisation.

Fiorenzo a une caractéristique : il a toujours le sourire. Toujours aimable, il attire la sympathie. Personne n'échappe à sa gentillesse. Il ne s'agit en aucun cas d'une gentillesse feinte ou hypocrite, dans l'espoir d'un retour ou d'une faveur. Non, il s'agit tout simplement d'aller vers l'autre de façon désintéressée pour lui faciliter la vie ou lui rendre le moment plus doux.

Cela commence par un bonjour toujours dosé selon l'humeur de son interlocuteur, car Fiorenzo a un don rare, celui de l'empathie. Il est à l'unisson des gens et de ce qu'ils ressentent. Son bonjour pourra être énergique avec celui qui arrive de bonne humeur, plus doux avec la nouvelle qui cherche encore ses marques, inquiet quand il sait que l'arrivant vit des moments difficiles. Vient ensuite un petit silence, qui fait toute la différence d'avec le bonjour protocolaire. En effet, le bonjour réglementaire évacue vite l'autre de l'horizon avec la question assortie : « Comment ça va ? », dont on n'attend surtout pas la réponse. Au contraire, le petit silence de

Fiorenzo s'assortit d'une tension du corps qui démontre une attitude d'écoute, mais seulement si l'autre en a besoin. Car il ne s'agit pas pour Fiorenzo de recueillir des confidences forcées, qui seraient autant d'anecdotes croustillantes ou de commérages à rapporter.

Chacun, selon son humeur et son envie peut alors dire à Fiorenzo ce qu'il n'a pas pu ou voulu dire à son compagnon, sa mère, sa femme ou ne pourra ou ne voudra pas dire aujourd'hui à son collègue ou son supérieur hiérarchique. C'est toujours très court, mais c'est une façon de transmettre un poids trop lourd à porter à quelqu'un qui le rendra comme allégé de l'angoisse, de la peur ou du remords dont il est chargé. Ce peut être aussi une joie ou une bonne nouvelle qu'on a envie de partager. Fiorenzo a un autre don : il sait d'instinct ce qui peut être répété et à qui. Il parvient, sans jamais se tromper, à détecter dans le ton si l'information doit rester confidentielle ou si elle lui est donnée pour être redite à un interlocuteur qu'on n'ose aborder ou qu'on ne peut joindre.

Mais Fiorenzo a une façon à lui de transmettre les messages même les plus détestables. Il le fait de façon à refroidir les haines recuites ou à prévenir les règlements de comptes. Combien de conflits ont pu être désamorcés grâce à lui ? Dans l'ensemble, personne ne le sait, mais chacun a son petit compteur personnel et connaît la dette qu'il a à l'endroit de Fiorenzo.

Fiorenzo fait aussi partie de ces personnes qui savent prendre des initiatives, et il n'hésite pas à sortir de sa fiche de poste ou à dépasser ses heures de travail quand il estime que c'est nécessaire pour faire avancer les choses. Devant celui qui l'interroge sur le pourquoi de son comportement, il se montrera d'abord étonné, tant cette façon de faire lui semble normale, avant d'expliquer qu'il « aime rendre service ». Or, « rendre service » ne fait pas partie des missions codifiées dans les entreprises. Fiorenzo a donc dû créer de toutes pièces la façon dont il travaille, par petites touches et selon une méthode qui n'appartient qu'à lui. Il n'a pas son pareil pour trouver une solution de dépannage, un contact pour une compétence rare. Il assure une veille permanente sur les informations importantes qui concernent l'entreprise. Il est aussi la mémoire des lieux et des événements, dans un univers où les personnes arrivent et repartent.

Si la direction des Ressources humaines devait formaliser aujourd'hui ses missions, on serait à mille lieues du travail pour lequel Fiorenzo avait été recruté. Ce décalage entre le travail formel et le travail réel crée des inquiétudes, car force est de constater que Fiorenzo est devenu indispensable à la vie de l'entreprise. Il est le facilitateur de l'activité et le *hub* des collaborateurs. Ceux qui l'ont compris savent que cela crée pour l'entreprise une forme de vulnérabilité à son égard. Que se passerait-il si Fiorenzo s'en allait ? Nul ne peut le dire et, pour dire vrai, personne ne souhaite vraiment se poser la question.

Tant que ça marche... On reste donc dans l'informel pour maintenir le système : on cajole Fiorenzo à coups de petits cadeaux, de petites primes et, bien sûr, de manifestations personnelles de reconnaissance, parfois plus expansives que nécessaires.

Fiorenzo est heureux, car il se sait apprécié et considéré, de façon non feinte. Il ne se pose pas la question de la juste rétribution de ce qu'il produit comme valeur pour l'entreprise, car cela lui semble naturel et reste complètement informel. Il n'a pas érigé en système le dispositif de « don/contre-don » qu'il fait vivre au quotidien, il n'a pas conscience des heures qu'il fait gagner, des dysfonctionnements qu'il évite, des mises en relation qu'il suscite. Il fait ce qu'il estime être son travail, et il en est heureux.

Firorenzo est bien-aimé et respecté de tous dans l'entreprise. Sur sa fiche de salaire est inscrit à l'endroit du poste occupé : « Homme de service ».

Dans toutes les organisations sociales ou presque, il est des personnes qu'on ne peut s'empêcher d'aimer. Elles font, comme on dit, l'unanimité. Ce n'est pas qu'elles soient plus compétentes ou performantes. En ce cas, d'ailleurs, il ne s'agirait pas d'amour, mais d'admiration. L'admiration, en effet, va aux qualités d'un individu, à sa patience, à son courage, à son

talent... Mais l'amour va à la personne elle-même. À ce qu'elle est bien plutôt qu'à ce qu'elle a.
Mais alors, qu'en est-il du « bien-aimé de tous » ? Qu'a-t-il de particulier ? Pour répondre à ces deux questions, il faut commencer par le plus simple. L'amour, celui des adultes en particulier, va toujours à l'amour. On aime quelqu'un de nous aimer. Et celui qui est capable d'aimer chacun avec douceur, sans rien lui demander, sans faire peser sur lui le fardeau de ses bienfaits, libère en nous des ressources d'amour. On l'aime de se reconnaître aimable, c'est-à-dire digne d'être aimé, à travers le regard qu'il porte sur nous. Ainsi, son amour se manifeste moins par des actes que par une attitude. Ce qu'il est se manifeste moins par ce qu'il accomplit que par une manière d'être présent. Il n'est pas simplement auprès de vous. Il est présent à ce que vous êtes, à ce que vous éprouvez. Si vous riez, il rira avec vous. Si vous êtes affligés, il partagera votre peine. Sa qualité principale est l'empathie qui est d'ailleurs moins une qualité qu'une façon de se rapporter à autrui en s'oubliant un peu. Rousseau y voyait la racine de toute morale. Mais ce n'est pas la morale qui intéresse le bien-aimé de tous. Plutôt le bien de ses collègues, ce bien sur lequel il veille sans ostentation et qui fait de lui, au sens littéral, un homme (ou une femme) bien-veillant.

La tradition philosophique en général et la tradition cartésienne en particulier ont un nom pour désigner cette figure : la générosité. La générosité n'est pas d'abord la vertu de celui qui donne beaucoup (ce serait plutôt la libéralité). Elle est, selon Descartes, une qualité de l'âme qui consiste à consentir à ne pas occuper toute la place disponible pour laisser à autrui un espace d'expression de soi. Il faut pour cela savoir se maîtriser ou, au sens propre, se retenir, s'empêcher de déborder. Il est en effet des formes d'affection envahissantes, une façon de compatir à la peine d'autrui qui revient à la lui ravir. Mais si on aime le généreux, c'est justement parce que sa présence est parfaitement calibrée. Il sait accueillir la place qui est la vôtre, il sait vous « laisser place » sans surjouer sa vertu. Il sait se réjouir de vos succès et ne jamais ajouter le mépris à vos échecs. Un commentateur de Descartes, Pierre Guenancia, le dépeint de manière très précise : « Cet empire sur soi, ce pouvoir absolu sur ses passions auquel toute âme, si faible soit-elle, peut parvenir, constitue la condition d'une relation à autrui pure de toute haine, de toute envie, de toute dépendance. »

Dépouillé d'un attachement jaloux et exclusif à lui-même, le bien-aimé de tous sait être là pour chacun. Il ne regarde pas aux titres, aux rangs ou aux performances. Il ne se demande pas si on mérite son attention ou son affection. Il a d'ailleurs ceci de touchant qu'il est capable de voir en chacun ce qu'il a de meilleur. Ses paroles ne sont jamais pour condamner ou salir. Toujours, au contraire, il s'efforce de souligner des qualités, ou du moins des souffrances. Il pourrait à ce titre reprendre à son compte la formule que l'on attribue à Socrate et qui prétend que « nul n'est méchant volontairement ».

Ceux qui ont eu la chance de rencontrer de tels personnages (et, aussi surprenant que cela soit, je suis persuadé que nous en connaissons tous) savent qu'il y a chez eux quelque chose d'autre encore. Leur bonté se lit à fleur de visage, en une épiphanie qui est comme une grâce : le sourire. Le sourire du bien-aimé de tous n'est pas un sourire de circonstance. J'oserais presque dire qu'il s'agit d'un sourire ontologique, constitutif de son être même, l'expression d'une essentielle déclosion, d'une ouverture radicale à autrui, à ses joies et à ses peines. Emmanuel Levinas voyait dans le visage ce par quoi nous prenons le risque de rencontrer autrui et, à ce titre, le caractérisait aussi bien par sa fragilité (tout visage est nu et exposé) que par sa puissance (tout visage est puissance d'envisager autrui, de lui donner visage). Sans sourire, un visage est souvent un masque inexpressif. Mais il est aussi des sourires qui camouflent. Le sourire du bien-aimé de tous révèle en un visage ouvert une intériorité généreuse et bienveillante, la générosité de celui qui aime sincèrement ceux dont il se sent responsable, quand bien même il n'aurait à leur égard aucune responsabilité statutaire.

Peut-être alors pouvons-nous mieux saisir son mystère en revenant à Descartes et au regard qu'il porte sur la générosité. Le généreux, nous laisse entendre le philosophe, consent à s'aimer lui-même sans céder aux vertiges de l'amour-propre. C'est ainsi qu'il se fait grâce et se réjouit de ce qu'il est sans s'attrister de ce qu'il n'est pas. Et c'est en cette grâce qu'il se fait à lui-même qu'il est capable de faire grâce à autrui. La sagesse des Évangiles nous rappelait qu'il faut aimer autrui comme soi-même. C'est parce qu'il s'aime lui-même que l'esprit généreux est aimé de tous. Parce que cet amour de soi qui est la même chose que la joie d'exister a quelque chose de contagieux. À ce niveau, on fait mieux que d'aimer ceux qui nous aiment. On aime en eux ce qui nous réconcilie avec nous-mêmes.

Hérione, la frustrée

Tâcher toujours plutôt à me vaincre que la fortune,
et à changer mes désirs que l'ordre du monde.
Descartes, *Discours de la méthode*

Partout où Hérione passe, elle laisse dans son sillage le son d'une petite musique grinçante et monotone comme celle d'une boîte à musique cassée. C'est la petite musique de la frustration, qui entraîne avec elle la voix grinçante de la discorde. En effet, Hérione exerce en permanence une critique de tout et de tous, sur un ton acerbe et comminatoire. Elle introduit le soupçon, elle distille le doute, elle entretient les rancœurs et les déceptions. Son chœur est celui des mécontents, des frustrés, des déçus, des opposants, qui font tourner en boucle les mêmes refrains du mécontentement et de la plainte. Si on demande à Hérione ce qu'elle veut, elle ne répond pas, car elle est dans une quête sans fin et sans but, mais avec un moteur à énergie infinie : la frustration.

La réunion du personnel se termine. Chacun va rejoindre son bureau en adressant des petits mots ou des poignées de main à des collègues mieux connus ou plus estimés. Il reste au fond de la salle un petit groupe de personnes qui, visiblement, commentent les informations recueillies. Les discussions semblent vives, mais les échanges restent sur le mode du chuchotement. Au centre du groupe, assise et comme recroquevillée sur sa chaise, se trouve Hérione. Un spectateur non averti ne pourrait déterminer son rôle dans le groupe et se laisserait tromper par une gestuelle sans aucune envergure ni aucun dynamisme. Pourtant, Hérione exerce depuis des années un contre-pouvoir rampant dans l'entreprise. C'est une femme de l'ombre, et c'est dans l'ombre qu'elle fomente les actions qui vont faire capoter un projet ou fragiliser une personne qui ne lui convient pas.

Elle n'agit pas elle-même, elle pousse à agir un groupe de personnes, dans une forme de manipulation librement consentie. En effet, malgré son mécontentement systématique, malgré son éternel feu de critiques, Hérione n'appartient à aucun syndicat ou autre groupe officiel. Ses actions ne sont jamais visibles et formelles.

Son mode d'action est l'implicite, son arme favorite la rumeur et son moteur tout personnel la frustration.

Hérione n'a jamais cherché à quitter l'entreprise. Elle n'a jamais exprimé l'envie de le faire. Elle sait trop que l'équipe de direction en place n'attend que ce moment pour la pousser dehors. Mais cela n'arrivera certainement jamais, car la frustration est une bête exigeante et affamée, qui demande du temps et un certain niveau de confort pour s'exprimer. Hérione est suffisamment intelligente pour savoir qu'elle a tout cela depuis des années et qu'elle aura du mal à retrouver un cadre aussi propice ailleurs. Hérione reste donc planquée dans l'ombre, en embuscade, pour encore de longues années, au grand désespoir de ceux et celles qui font avancer les projets et qui admettraient des échanges vifs fondés sur des critiques violentes, mais que la guerre larvée menée par Hérione laisse désarmés.

Le petit groupe se sépare, Hérione se lève tranquillement, lance quelques regards furtifs autour d'elle pour voir qui l'a vue, avec le sentiment visible du devoir accompli. Elle a su, en quelques minutes, passer en revue avec ses troupes tous les points qui peuvent faire discussion dans l'entreprise. Loin d'elle l'idée d'en faire un sujet de dialogue avec la direction ou de se faire élire pour porter officiellement le drapeau de l'opposition. Non, les doléances, les insatisfactions, les mécontentements resteront, comme c'est le cas depuis des années, sur le mode du questionnement. Avec cette fin de réunion va commencer la danse infernale des petites phrases qui font mal : « Tu crois que c'était bien nécessaire de… » ; « On ne nous dit rien, on nous cache tout… » ; « On sait bien pourquoi c'est Rufus (ou Ambroisiane, ou Antonin…) qui a été choisi ! » (Mais chut ! on ne le dira pas !) ; « Tu ne trouves pas que c'est dommage que… » ; « On nous avait promis… » ; « C'est suspect, non ? » ; « J'ai dit ça, je n'ai rien dit… » ; « Alors là, je ne comprends plus… » ; « Tu penses vraiment que c'est normal que… » Autant de questions qui n'attendent aucune réponse. Elles sont là pour jeter le doute et le soupçon, pour entretenir les feux du mécontentement et de la discorde. Hérione est devenue experte à ce jeu perdant-perdant aux règles non dites et au nombre indéterminé de parties et de joueurs.

Si l'on interrogeait Hérione à la sortie de la réunion sur les motivations de son action, elle se garderait bien de répondre, car la guerre qu'elle livre depuis des années n'a d'autre but que de lui conférer un certain pouvoir, informel certes, mais réel. Hérione n'a pas de vision. Elle a le pouvoir d'activer une musique lancinante qui brouille les ondes de l'activité. Elle n'existe que dans le « contre », et ne veut surtout pas se trouver placée devant des responsabilités et exposée à d'autres Hérione, aussi zélées et aussi activistes.

Hérione se dirige vers son bureau. Elle va travailler quelques instants, car elle se doit d'être irréprochable pour ne donner prise à aucune attaque. Ensuite, elle rejoindra un de ses espaces favoris, comme celui de la machine à café, à moins qu'elle n'attende le temps du déjeuner. L'informel est son royaume, les zones grises et les marges son territoire. Son moteur à mouvement perpétuel est la frustration.

Peut-être se souvient-elle d'un dessin qu'elle avait réalisé, enfant, pour une psychologue qui lui demandait de représenter sa famille : ses parents et ses frères et sœurs se trouvaient rassemblés à l'abri dans une petite maison pimpante, et elle, était assise sur le toit de la maison ; dans une bulle on lisait : « Je suis là. Vous m'entendez ? » Hérione restera à jamais sur le toit de l'entreprise et, plutôt que d'en descendre, cherchera à perpétuité à y faire grimper le plus de monde possible.

La frustration est une pathologie du désir. Le désir, bien entendu, est une belle chose. Il est en chacun de nous l'expression d'un amour de la vie. Tout désir, en effet, est d'abord désir de vivre plus fort, plus intensément, par quoi se dit qu'il est bon de vivre et de conserver cette vie si bonne. Mais à côté de ce désir de conservation, il en est un autre qui vise une forme de promotion de nos existences. L'homme est ce vivant qui ne désire pas seulement demeurer en vie, mais qui reste tendu vers l'horizon d'un progrès. Dans le

monde de l'entreprise, cela prend la forme d'un désir d'être promu, reconnu, augmenté…
Le problème, c'est que la plupart de nos désirs ne sont guère originaux. Comme l'avait compris le philosophe René Girard, le désir est une puissance mimétique, ce qui veut dire que je désire d'abord ce que les autres désirent. Le problème avec cette relation mimétique au désir d'autrui, c'est qu'il fait de lui un concurrent. S'il désire ce que je désire et qu'il l'obtient, il me prive par là même de la satisfaction de mon désir et me condamne à la frustration.
La frustration n'est donc pas d'abord une singularité de caractère qui accablerait les « frustrés », comme s'il existait des frustrés « par nature ». Quand elle est momentanée, elle est simplement la déception éprouvée par celui ou par celle qui n'a pu obtenir ce qu'il désirait et qui en conçoit quelque tristesse. Mais quand les frustrations s'ajoutent aux frustrations, les déceptions aux déceptions, la frustration devient comme une seconde nature, un trait durable de caractère qui marque une personnalité. Le frustré devient alors un archétype.
On comprend que la succession des échecs ait quelque chose de douloureux. Car la loi du désir mimétique est telle que ma frustration est redoublée de savoir que ce bien qui m'a été refusé, un autre que moi l'a obtenu. La frustration se double

alors de rancœur et de ressentiment, comme si la satisfaction de son désir avait ôté quelque chose à mes droits. De mon point de vue, nécessairement, c'est à moi que revenait cette promotion. On se souvient de la formule de Pascal: «Ma place au soleil... commencement de l'usurpation de toute la Terre.» Quant au ressentiment, il ne tarde pas à se faire jalousie, et la jalousie médisance.

Le cercle vicieux est alors évident. Peut-être, après tout, méritais-je réellement cette promotion que je n'ai pas obtenue? Mon concurrent aussi, et il fallait bien choisir. Mais quand la frustration devient chronique, mon humeur s'en trouve altérée, mon investissement plus mesuré, mes relations avec autrui plus difficiles. Et voilà que sans m'en rendre compte, devenu insupportable, je me mets moi-même hors-jeu, me condamnant par frustration à de nouvelles frustrations.

Il est sans doute difficile, une fois pris dans l'engrenage, de s'en défaire. Mais il est sans doute possible d'apprendre à maîtriser son désir pour éviter la chute. Les philosophes stoïciens considéraient que nos désirs dépendent de nous. Cela peut nous surprendre. Mais ce qu'ils voulaient dire, c'est qu'une certaine ascèse nous rend capable de gérer sagement les désirs dont la satisfaction dépend de nous. Prenons un exemple simple. Il ne dépend pas de moi d'être célèbre et honoré dans le monde entier puisque cela, précisément, dépend de mes éventuels admirateurs. De même, il ne dépend pas de moi de voir doubler mon salaire ou de bénéficier d'une promotion puisque cela dépend de mes supérieurs hiérarchiques. En revanche, il dépend tout à fait de moi de bien faire mon travail, de développer mes compétences, d'entretenir de bonnes relations avec mes collègues. Et peut-être cela me vaudra-t-il la promotion que je désire légitimement. Désirer être promu afin de mieux s'investir, c'est mettre la charrue avant les bœufs. Une sagesse bien ordinaire recommande plutôt de désirer bien m'investir dans l'espoir que mes mérites seront reconnus.

Ce bon ordre des choses est sans doute un remède prophylactique à la frustration. En désirant ce qui dépend de moi, j'évite d'accabler le sort, les dieux, mes patrons et mes collègues. Cela ne veut pas dire que je manque d'ambition, mais que j'ai appris à hiérarchiser mes désirs. Épicure l'enseignait à son disciple Ménécée, on vit bien plus sereinement quand on a appris à écarter les désirs démesurés et à se satisfaire des plaisirs accessibles. Le drame du frustré se joue là : la frustration devenue chronique l'a rendu incapable de jouir des plaisirs qui pourtant se proposent encore à lui.

Irmeline, la victime

La force des méchants, c'est qu'ils se croient bons, et victimes des caprices d'autrui.
Alain, *Sentiments, Passions et Signes*

Ce n'est jamais de sa faute, on ne lui dit jamais rien, on lui cache tout. Les collègues ne voient pas ses qualités et ne savent pas la solliciter au bon moment ni sur les vrais sujets. Les mails ne lui arrivent pas, les procédures ne sont pas compréhensibles, les structures ne sont pas adaptées. Il fait trop chaud ou trop froid, le café n'est pas bon, sa place de parking n'est pas à la bonne place, la réunion n'est pas à l'heure idoine, le DRH ne l'aime pas, la dame de la cafet' non plus d'ailleurs ! On ne lui dit jamais bonjour, on ne l'écoute pas, on ne la laisse pas s'exprimer ! L'entreprise n'est finalement qu'un vaste complot tourné contre Irmeline.

Irmeline vient d'arriver et déjà on l'entend se plaindre dans les couloirs : hier, la barrière du parking avait manqué se refermer sur sa voiture, aujourd'hui, elle a dû attendre plus de « dix » minutes qu'on vienne lui ouvrir, car son badge ne fonctionnait pas. Cela fait pourtant des semaines qu'elle demande au service logistique de lui changer ce badge qui n'en fait qu'à sa tête, mais évidemment, elle est tout au bas de la liste des points à traiter ! On lui a fait savoir que les nouveaux arrivants passaient devant elle, car ils n'avaient pas de badge du tout ! Cela fait dix ans qu'elle travaille pour l'entreprise, mais elle comprend bien, une fois de plus, qu'elle est quantité négligeable !

Irmeline s'applique à dire bonjour à ses collègues et se fait un devoir d'échanger quelques mots avec chacun d'entre eux. Il est tout de même important de partager des idées et des sentiments quand on travaille ensemble. Elle est une fois de plus très déçue par l'attitude de certains, qui, elle le voit bien, font semblant d'être plongés dans un mail ou un document, ou feignent de saisir leur téléphone à son arrivée, pour se limiter à un « bonjour » de politesse, sans aucune envie d'engager la plus petite conversation.

Elle réussit tout de même à accrocher Mélanie, la seule à comprendre les enjeux de cette gestion des badges à deux vitesses qui frôle la discrimination. Irmeline profite de cette écoute bienveillante pour évoquer aussitôt le cas de la température de son bureau. Elle explique à qui de droit depuis au moins six mois que l'on met tout simplement sa santé en danger en ne trouvant pas de solution pour réguler l'air conditionné qui souffle derrière sa chaise. Elle a fini par comprendre, car personne n'ose lui dire la vérité, que cette bouche n'est pas reliée au système central, ce qui implique un désagrément systématique qu'elle est la seule de l'entreprise à subir : toujours trois à cinq degrés de plus que les autres bureaux en été, et bien sûr trois à cinq degrés de moins en hiver ! Elle a fait des relevés précis plusieurs jours de suite avec son propre thermomètre : peine perdue, rien n'a été fait ! Pire, quand elle a recouvert l'appareil déviant d'un linge pour ne plus avoir cet air glacial dans le dos, on a menacé de la poursuivre pour déprédation du matériel de l'entreprise ! Elle a dû prendre trois jours d'arrêt maladie pour se remettre de cette agression et du début de pneumonie qu'elle s'était diagnostiqué.

Mélanie ayant visiblement une urgence, Irmeline continue sa tournée… et croise le DRH ! Ce n'est pas trop tôt ! Il doit être bien embêté, lui qui se planque dans son bureau pour éviter de l'entendre lui expliquer la façon dont on la traite. Cela lui va bien de mener des enquêtes sur le bien-être au travail ! Et de se gargariser de management responsable ! Alors qu'il fuit les collaborateurs en difficulté et ceux qui tentent de lui faire remonter les dysfonctionnements qui pourrissent la vie de l'entreprise.

Il essaie de l'éviter, elle le voit bien, mais ce matin, il ne s'en tirera pas à si bon compte, d'un salut de la main comme il le fait régulièrement. Irmeline se plante au milieu du couloir, le salue d'une voix sonore et attaque dans le vif du sujet : « Pourquoi ai-je été la seule à ne pas recevoir le mail annonçant la procédure de réorganisation du temps de travail ? » D'accord, elle était en congé maladie quand le mail a été diffusé. Elle rappelle qu'on lui a interdit d'accéder à sa messagerie quand elle est chez elle (depuis qu'elle a menacé de harcèlement sa n+1, qui continuait à lui envoyer des mails pendant son arrêt pour surmenage) !

Le DRH la jauge d'un regard de mépris et de commisération qu'elle ne supporte pas. La maltraitance est à son comble, d'autant que cela fait 45 minutes qu'elle est arrivée, sans avoir pu encore entreprendre la moindre tâche. Elle sait qu'on va, une fois de plus, lui reprocher sa lenteur et son manque d'engagement, et personne ne voudra entendre qu'il est important de faire le point régulièrement sur les conditions de travail.

Devant tant d'incompréhension, Irmeline tourne les talons pour rejoindre finalement sa « table » de travail, car on ne peut parler de bureau concernant ce meuble étique, issu de la récupération, alors que tous ses collègues ont pu bénéficier de mobilier neuf. Elle allume son ordinateur, non sans avoir passé un chiffon à poussière sur le bureau et une lingette nettoyante sur le clavier, car la femme de ménage néglige systématiquement de le faire. Devant tant de nonchalance et de bêtise, elle a renoncé à lui en faire la remarque. Elle ouvre sa messagerie. Évidemment, il n'y a que des mails de relance ou des rappels ! Personne n'est capable d'un mot gentil ou simplement poli. Des remarques acerbes et désagréables ! Des injonctions sur un ton comminatoire ! Est-ce sa faute si le mail du client est allé se loger dans ses spams ? Pourquoi l'accuser si méchamment de ne pas avoir répondu à la troisième relance du service communication ? Comment expliquer pour la énième fois qu'elle ne travaille pas le mercredi et que ce jeudi et ce vendredi, elle a dû rester au chaud à cause de cette maudite climatisation ? Elle n'est pas Mary Poppins ou la divinité Vishnou aux quatre bras ! Ils cherchent tous à la rendre folle en l'oppressant de la sorte.

Elle le sait, c'est une stratégie qui a été mise en place au plus haut niveau pour la dégoûter de son travail. Mais ils ne savent pas ce qu'ils perdent à la traiter ainsi. Pour bien leur faire comprendre, elle va travailler à ses vraies priorités. Elle a ses achats de Noël à faire et s'y prendre début novembre est une bonne précaution pour bénéficier des meilleures offres et éviter les cohues.

Irmeline est une victime. Mais elle ne se laissera pas faire !

Avant toute chose, il importe de préciser que dans toute société humaine, il existe certains individus qui sont réellement victimes de la cruauté ou de la bêtise d'autres individus. La figure de la victime n'est donc pas un mythe, et le rôle d'une société, quelle qu'elle soit, est toujours de veiller à ce qu'aucune personne ne soit victime des railleries, des quolibets, des discriminations qui pourraient l'humilier.

René Girard, en théorisant la figure du bouc émissaire, avait conféré au statut de la victime sa dimension anthropologique. Dans toute société, on trouve des peurs, des angoisses, des inquiétudes, des sentiments diffus de culpabilité qui, pour s'exorciser, sont projetés sur celui ou celle qui, chargé des péchés de tous, se trouve rejeté. Dans les entreprises, la figure du bouc émissaire prend souvent le visage de celui qui est victime de ce qu'on a pris l'habitude de désigner du nom de « harcèlement moral ».

Mais s'il existe bel et bien des victimes, ou des processus réels de victimisation dont nous devons nous garder d'être complices, il n'en reste pas moins qu'on trouve aussi dans toute société un tant soit peu différenciée certains individus qui ont endossé le statut de victime et semblent s'y complaire. Quoi qu'on puisse leur reprocher, ils se déchargent aussitôt du grief qui leur est adressé soit sur les autres, soit sur les circonstances.

À y regarder de plus près, leur attitude est la même que celle qui conduit à la désignation du bouc émissaire. Faute de pouvoir assumer leur part de responsabilité, trop lourde ou trop angoissante à porter tant elle défait l'image qu'ils se font d'eux-mêmes, ils s'en défaussent en la projetant sur un tiers : les embouteillages, un collègue mal intentionné, un système mal organisé, des contraintes injustes...

Injuste... C'est sans doute là le terme clef de la rhétorique d'auto-victimisation. La « victime » ne considère pas qu'elle n'a pas eu de chance et que les circonstances lui étaient défavorables. Elle se considère victime d'intentions diffuses qui visent à lui porter préjudice et qui l'empêchent de faire son travail. Bien sûr, il existe des injustices réelles qui doivent être combattues. Mais la victime est prisonnière d'un sentiment d'injustice qu'elle ne parvient pas à élever au rang d'une représentation claire et distincte. Un sentiment d'injustice n'implique pas nécessairement un « sens de la justice ». Comme l'a souvent fait remarquer Paul Ricœur, le sens de la justice apparaît quand mon indignation porte sur le mal qui est fait à autrui. Mais la « victime », si elle est indignée, ne l'est que par le mal dont elle se considère victime. Incapable de lui donner une forme rationnelle, elle reste prise dans des affects et des images qui en font une «victime en imagination» comme on trouve dans les *Pensées* de Pascal des malades en imagination, des pauvres en imaginations... (frag. 44).

Mais il reste à comprendre comment la «victime» a pu s'installer dans un statut qu'elle dénonce et revendique tout à la fois. La contradiction est flagrante, mais réelle. Elle le dénonce puisque ce statut lui apparaît comme l'explication de toutes ses difficultés. Mais elle le revendique exactement pour les mêmes raisons puisque cela lui permet de se défausser. Sa stratégie, plus ou moins consciente, est de se défaire de sa culpabilité en la renversant en son contraire: on veut me traiter comme un coupable, mais en vérité, je suis une victime et les coupables, par conséquent, ce sont les autres.

Le principe de non-contradiction, bien entendu, est le principe fondamental de la raison. Mais, on l'a déjà dit, il est des victimes «en imagination» et l'imagination, pour sa part, est tout à fait capable d'accueillir la contradiction. On peut (sur le plan de l'imagination) vouloir le beurre et l'argent du beurre, tout et son contraire. C'est ainsi que la victime peut être tout à la fois attachée à la représentation qu'elle se fait d'elle-même et la dénoncer comme une injustice qui lui est faite. C'est précisément cette contradiction qui, congédiant la raison, la rend capable de se complaire en l'image qu'elle se fait d'elle-même, une image rebelle aux arguments rationnels. En se présentant comme une victime, que gagne-t-elle ? La satisfaction symbolique de ne pas être un coupable.

Reprenons le texte que nous avons rapidement évoqué. Pascal écrit ceci : « L'imagination a ses heureux, ses malheureux, ses sains, ses malades, ses riches, ses pauvres. Elle fait croire, douter, nier la raison. » Nous rajouterions volontiers qu'elle a ses coupables et ses victimes, coupables imaginaires et victimes imaginaires, qui ont besoin du bénéfice symbolique de leur statut pour mieux se détourner d'eux-mêmes. Pascal, toujours et encore, et la stratégie du divertissement. La victime imaginaire a appris à faire diversion, et c'est son imagination qui la protège du réel... Le drame, dans cette affaire, c'est que quand la victime imaginaire excelle dans l'art de s'excuser, la victime réelle tend pathologiquement à s'accuser. Cela déjà doit nous aider à ne pas les confondre.

Réaldina, l'hypocrite

Les faux honnêtes gens sont ceux qui déguisent leurs défauts aux autres et à eux-mêmes. Les vrais honnêtes gens sont ceux qui les connaissent parfaitement et les confessent.
François de La Rochefoucauld, *Maximes*, maxime 202

Ses yeux se plantent droit dans les vôtres pour mieux montrer la sincérité de ses appréciations. Elle n'est jamais avare de ses sentiments. Ses phrases favorites sont au superlatif. Son ton est emphatique. Elle enrobe tout de ses compliments, adressés à chacun ou à la cantonade, selon le moment et l'événement. Elle regarde le monde avec bienveillance et n'en voit que le positif, il faut que ça se sache ! Nul ne peut la prendre en défaut, elle sait comme personne apprécier le bon côté des personnes et des choses. Le seul problème, c'est que Réaldina n'est sincère ni avec elle-même ni avec son entourage. Elle feint. Elle est hypocrite.

La réunion de fin d'année est terminée. C'est le moment du pot amical où sont réunis tous les collaborateurs de l'entreprise. Au milieu du brouhaha et des verres qui s'entrechoquent, un observateur attentif distinguera une personne qui passe de groupe en groupe, félicitant les uns, congratulant les autres, à grand renfort de sourires, d'œillades et de superlatifs. C'est Réaldina. Avec elle, tout ne peut être que «formidable», «merveilleux», «épatant»... Chacun est «superbe», «convaincant», «brillant»... Les compliments sortent de sa bouche à la vitesse d'une mitraillette, sans jamais aucune lassitude. La voix est enjôleuse, le sourire étincelant, le regard complice ou admiratif. Elle n'a pas sa pareille pour se mettre en position d'écoute attentive. Elle fixe alors son interlocuteur, incline légèrement la tête dont elle accompagne les hochements de «oh» et de «ah» de surprise, d'amusement ou de compassion, en fonction du discours de son interlocuteur.

Elle est d'ailleurs, en ce moment même, en plein échange avec Tiburste et Georgina. Approchons-nous: Réaldina est debout face à ses deux collègues, une coupe de champagne à la main, remplie de jus de pomme auquel elle a fait ajouter de l'eau gazeuse. C'est un point essentiel et tenu bien secret, Réaldina est toujours sous contrôle, il n'est pas question qu'elle puisse être prise en défaut. Elle fait donc semblant de boire sa coupe à l'unisson du groupe, mais elle est la seule à rester en prise avec ses sentiments et ses analyses.

Elle est en grande conversation avec Tiburste et Georgina, mais la gestuelle est trompeuse. *De facto*, ils parlent et elle écoute. Elle les relance régulièrement par de petits gestes, des regards ou des petites phrases. En effet, ils ont tous deux pris la parole à la tribune pour faire un bilan de l'année écoulée et présenter le plan stratégique à cinq ans de l'entreprise. Ils sont en phase de décompensation, car le stress était important, et Réaldina est tellement généreuse dans ses commentaires qu'ils avalent ses flatteries sans aucun sens critique. Et qu'entendons-nous ? « Vous avez été merveilleux ! », « Tu as été limpide dans ton exposé ! », « Et ce petit trait d'humour au moment de l'annonce du projet Gargantua ! Trop bien trouvé ! », « Mais comment faites-vous pour être toujours au top ? »

Mais voilà que passe le directeur. Réaldina se détourne alors gracieusement, non sans un ultime : « Extraordinaires, vous avez été extraordinaires, encore bravo ! », pour se diriger vers son directeur bien-aimé ! Lui aussi est aussitôt abreuvé de compliments. « Brillant ! Je vous ai trouvé tout simplement brillant ! Et je ne suis pas la seule ! Tout le monde le pense ! » Le directeur se rengorge. Il sait en son for intérieur qu'il n'a pas été particulièrement bon. Il exècre les prises de parole en public et, ce soir tout particulièrement, rien n'a été simple. La présentation d'une année qui s'annonce particulièrement compliquée lui a été très difficile à faire de façon convaincante. Il a bégayé, il est resté collé à ses chiffres, comme pour mieux éviter les regards et les commentaires de la salle. Les félicitations de Réaldina lui sont donc encore plus précieuses, elles lui mettent du baume au cœur.

Pourtant, il connaît Réaldina et sait combien elle le critique « par-derrière ». Elle fait partie de ces collaborateurs dont il se méfie et qui le perturbent, car il préférerait des attaques ou des critiques franches à ces exercices d'hypocrisie où rien n'est jamais vraiment dit. Mais ce soir, il est fatigué, et s'accorde le droit de baisser un peu sa garde. Il a donc droit à un véritable festival ! Il s'en veut de ne pas la planter là avec un retentissant : « Gardez vos compliments hypocrites pour vous ! » Non, il reste quelques minutes comme hypnotisé par la douce mélopée des « bravo », « superbe », « magnifique », « génial », qui tournent en boucle.

Réaldina en a enfin terminé. Elle lui tend son verre pour trinquer avec un clin d'œil complice et admiratif (eh oui ! il y voit tout cela à la fois). Après un rapide regard panoramique à la salle, elle rejoint dans un coin obscur son fidèle complice Zoello. Là, à l'abri des regards et des oreilles, tout en chuchotements et en susurrements, ils vont démonter les convives les uns après les autres. Si on tend l'oreille, on peut entendre un tout autre refrain. Les « Pitoyable », « Minable », « Pour qui se prend-il ? »,

« Non mais, tu l'as vue ? » ont pris le relais, expression de la face obscure de Réaldina.

Maintenant qu'elle a craché son venin, elle fait un dernier point avec Zoello : ne pas oublier d'envoyer des mails de félicitations demain à la première heure ! Ou mieux, un texto tard dans la soirée, qui montrera encore mieux la façon dont tous ces discours sont restés gravés au plus profond de son cœur ! Beaucoup plus vrai, beaucoup plus spontané le texto !

Réaldina rejoint sa voiture. Elle s'assoit au volant et, avant de mettre le moteur en marche, repasse la soirée dans son esprit. Elle a fait un sans-faute, elle est certaine même d'avoir su être particulièrement convaincante avec le grand patron. Et pourtant… elle aurait tant de choses à dire sur leur conduite, leur médiocrité, leurs bévues, mais elle n'y arrive pas ! Elle ne supporte pas le conflit, même ponctuel et léger, elle a besoin de cette hypocrisie sociale pour se sentir exister, même si parfois, comme ce soir, cela lui semble lourd à porter.

Ils l'aiment, ils l'apprécient, elle en est certaine. Ce dont elle est moins certaine, c'est pourquoi elle se contraint à cette comédie.

Il est assez curieux que l'hypocrisie soit dénoncée comme un vice insupportable. On est rarement aussi sévère quand on reproche à quelqu'un sa paresse, sa grossièreté ou son incompétence que quand on lui reproche d'être hypocrite. Si l'hypocrisie fait l'objet d'une condamnation aussi nette qu'unanime, c'est sans doute parce qu'elle est une forme de dissimulation. Or, c'est autre chose que d'apparaître comme celui que l'on est vraiment, avec tous ses défauts manifestes (jaloux, lâche, égoïste...), que de simuler celui que l'on n'est pas pour mieux dissimuler celui que l'on est. L'unanime réprobation de l'hypocrisie révèle sans doute à quel point on considère que la vie sociale requiert une certaine transparence : il faut que l'on sache à qui on a affaire.

Ainsi, dans une société, quelle qu'en soit la forme, l'hypocrite sera considéré comme un fourbe, un flatteur, un personnage qui ne connaît rien d'autre que ses propres intérêts. Notons d'ailleurs que le seul hypocrite à qui on puisse adresser quelque reproche est celui qui a été démasqué, l'hypocrite maladroit par conséquent qui n'est pas parvenu pleinement à dissimuler ses intérêts et sa fourberie. C'est d'avoir tant aimé Tartuffe qu'Orgon lui voue une haine si profonde quand celui-ci se trouve démasqué. C'est à se demander ce qui nous déplaît le plus: l'hypocrisie, ou bien le fait d'avoir été soi-même abusé?

Pour bien prendre la mesure de ce vice universellement dénoncé qu'est l'hypocrisie, tentons une fiction et imaginons une société sans dissimulation, sans hypocrisie, une société où chacun dirait ce qu'il pense et agirait en conséquence. Louis Machon, un intellectuel du XVIIe siècle cité par Jean-Pierre Cavaillé dans *Dis-simulations*, écrit ceci: «Que serait-ce du monde sans la dissimulation? Que deviendrait la prudence, la pudeur, la modestie, la discrétion, la retenue, l'honnêteté, la civilité, la complaisance, la bonne estime, la réputation [...] et toutes les plus belles vertus qui tempèrent notre malice, et mettent à couvert nos infirmités et nos défauts? Véritablement les hommes s'entre-tueraient les uns les autres, ils seraient tous les jours aux prises, il n'y aurait que rage, fureur, vengeance parmi eux...»

Ainsi, avant d'être un vice particulier, celui de l'hypocrite, l'hypocrisie pourrait bien être une nécessité sociale. En effet, même dans l'entreprise Plasma où évoluent nos héros et nos anti-héros, il y a peu de chance pour que chacun apprécie chacun et soit prêt à louer sans retenue ses vertus et qualités. La vie sociale n'est pas la vie paisible des bergers d'Arcadie, elle confronte les uns aux autres des individus tenus de coopérer malgré leurs défauts, leurs égoïsmes, leurs intérêts concurrentiels… Or, sommes-nous certains que nous apprécierions que tout un chacun nous dise ce qu'il pense de nous et agisse envers nous conformément à cette représentation? Louis Machon n'a-t-il pas raison de considérer qu'une vie sociale sans dissimulation serait un enfer?

Ces questions nous obligent sans doute à distinguer entre deux formes d'hypocrisie. Il y a bien sûr l'hypocrisie insupportable de celui qui tient devant nous un discours tout opposé à celui qu'il tiendra à notre sujet devant un tiers. On lui reprochera moins de ne pas dire ce qu'il pense que de tenir un double langage pour mieux flatter ses interlocuteurs et ménager ainsi ses propres intérêts. Mais il convient de distinguer cette hypocrisie vicieuse parce que médisante de ce que j'oserais appeler une hypocrisie vertueuse qui cherche moins la satisfaction de ses propres intérêts que de ceux d'autrui. Ne pas dire à un collègue qu'on le trouve antipathique, c'est dissimuler ce que l'on pense de lui pour ménager son amour-propre et rendre possible la collaboration à laquelle nous sommes tenus. C'est rendre possible la vie sociale, le travail commun, l'engagement collectif. Autre chose est de manipuler autrui pour prendre l'ascendant sur lui et d'avoir le souci d'une certaine sollicitude capable de sauver les apparences en ménageant l'orgueil de ses semblables. La vie sociale, en effet, ne va jamais sans une certaine forme d'hypocrisie qui n'est pas nécessairement de la tartufferie. Elle exige la figure de celui que le XVIIe siècle appelait « l'honnête homme », cet homme qui cherche moins à être sincère qu'à rendre possibles des relations civilisées avec autrui.

L'unanime condamnation de l'hypocrisie est donc trop unanime pour être honnête, comme s'il s'agissait de dénoncer chez l'autre ce que l'on s'efforce de si bien cacher en soi. Car enfin, la duplicité de l'hypocrite est celle de chacun de nous. Elle est la duplicité même de toute forme d'existence sociale qui exige tout à la fois que nous apparaissions à autrui et que nous sauvegardions une sorte de réserve. L'hypocrite n'est pas nécessairement un Tartuffe. La caissière qui me sourit et me souhaite une bonne journée alors qu'elle m'aura oublié dans dix secondes n'est pas une hypocrite. Elle fait son travail en sauvant les apparences. Elle satisfait aux usages en ménageant mon amour-propre. Elle fait comme chacun de nous quand nous singeons les qualités que nous n'avons pas, quand nous jouons la bienveillance et l'amitié à défaut d'être réellement amicaux et soucieux du bien d'autrui. Il y a là moins un mal qu'un moindre bien. C'est en ce sens, sans doute, que La Rochefoucauld pouvait présenter l'hypocrisie comme « un hommage que le vice rend à la vertu ».

Éduin, le compliqué

En somme, lorsque tu as compris quelque chose, tu n'as plus à y revenir ; ou bien alors, c'est que tu ne l'as pas compris.
Bernard de Clairvaux, *De la considération*

« Se faire des nœuds dans la tête » : l'expression n'est pas belle, mais très suggestive et tellement illustrative du fonctionnement d'Éduin ! Avec lui rien n'est jamais simple, le moindre signe est capté, la plus petite nuance est analysée, un faible changement de ton ou une légère grimace sont immédiatement soumis à questionnement et à interprétation de sa part. Chacune des décisions d'Éduin est prise dans la douleur et au terme d'un très long processus d'analyses tortueuses et de mises en avant de toutes les raisons de ne pas faire. La difficulté et la complication sont les piliers du monde d'Éduin. Il en souffre et il fait souffrir son entourage, mais aborder la question est tout simplement impossible. Il en prend ombrage et remet son logiciel à zéro ! Tout est alors à recommencer. Pour éviter cette double peine, on s'accommode de ce fonctionnement douloureux et qui coûte à tout le monde.

Éduin rougit, il déglutit difficilement, ses yeux vont frénétiquement de droite à gauche. Il commence à transpirer, il bouge sa main droite mécaniquement comme s'il voulait chasser une mouche trop intrusive. Il tente un sourire, mais n'arrive à produire qu'une petite grimace crispée. Éduin vient de s'entendre dire qu'il est trop compliqué et que, parfois, il faut savoir trancher, surtout quand on est en situation de management !

Pourquoi cette interpellation ? Il ne comprend vraiment pas et il n'accepte pas qu'on le mette ainsi en cause publiquement ! Son engagement dans l'entreprise est total et il n'est pas correct d'émettre de telles critiques ! A-t-on quelque chose à lui reprocher ? Il aimerait bien le savoir, lui qui a encore travaillé tout le week-end pour avancer sur le projet Gargantua, qui porte bien son nom, car il le dévore littéralement. Et puis ! Qu'est-ce que ça veut dire « trancher » ? C'est foncer tête baissée sans se donner la peine de peser le pour et le contre ? C'est oublier les procédures (petit signe à Wilbur) ? C'est prendre des risques insensés pour l'entreprise ?

Éduin s'étrangle, il n'en peut plus des sourires en coin de Fulgence et Georgina ! Il les voit bien, tous autant qu'ils sont, avec leurs regards, leurs yeux au plafond, leurs haussements de sourcils quand il fait une présentation ! Comme si c'était facile d'être le chef d'un des plus gros projets de l'entreprise ! Il aimerait bien les y voir. Les minutes passent, l'écran de présentation est en berne, le compteur Geiger d'Éduin s'affole. On a remis en cause sa façon de conduire son travail, il ne l'admettra pas. Si on n'est pas content de ses services, il faut le lui dire et il arrêtera son quasi-bénévolat à l'entreprise. Il n'en peut plus, comme il n'en pouvait déjà plus la semaine précédente et celle d'avant encore.

Tiburste essaie de calmer le jeu et lui demande de bien vouloir réexpliquer les points d'achoppement qu'il avait commencé à présenter pour expliquer le retard supplémentaire dans le planning. Mais ce n'est pas si simple. Éduin ne peut pas, comme ça, à la volée, analyser une situation d'une telle complexité, et ensuite balancer des explications à l'emporte-pièce. Ce ne serait pas professionnel, ce qu'il s'efforce d'être, lui ! Le directeur regarde tous les membres du comité de direction, fait un signe d'apaisement à Tiburste et à Fulgence pour qu'ils abandonnent la partie et se tourne vers Éduin : « Bien, nous t'écoutons attentivement, mais essaie d'être synthétique s'il te plaît ! »

Éduin reprend son souffle et cherche son micro-ordinateur, sa main droite tremble, il est rouge, mais reprend le fil de son exposé. Rien n'y fait, il ponctue son discours de ses états d'âme et décrit tout le processus dans le moindre détail. Une fois de plus, tout le monde est noyé dans l'excès d'informations et le manque de hiérarchisation entre elles. Georgina prend courageusement le relais, avec le risque d'essuyer à son tour son courroux : « Et si tu devais répondre par oui ou par non ? » demande-t-elle. Éduin s'arrête net : « Je crois que tu n'as pas compris ! Je me bats pour vous expliciter les données et tu veux tout résumer par un oui ou un non ? Ce n'est pas si simple que ça ! »

Tout est dit. Dans le monde d'Éduin, la complexité devient compliquée, et il n'admet pas qu'on puisse la simplifier. Les participants à la réunion qui le connaissent savent que, dans quelques heures, ils recevront un mail de plusieurs pages pour redire et justifier tout ce qu'Éduin vient d'exposer. Il y aura même des informations supplémentaires, car Éduin est un adepte du mille-feuille ; avec lui, les couches s'entassent sans que jamais une seule soit supprimée.

La réunion se termine, la décision n'a pas été prise. Les plus anciens se dépêchent de sortir pour échapper aux explications complémentaires que veut absolument leur apporter Éduin. Seule Évita, la chargée de communication fraîchement recrutée, est encore assise. Elle voit avec surprise Éduin se diriger vers elle : « Puis-je vous prendre quelques minutes pour vous redonner les éléments de ce projet ? Il est essentiel que vous compreniez bien. S'ils veulent foncer sans se poser de questions, c'est leur problème! Je suis là depuis trop longtemps pour me laisser piéger par ces chantages au délai! Donc, si je reprends le point 1bis, comme je le disais tout à l'heure... »

Évita jette un regard effaré autour d'elle. Aucune échappatoire, elle est engluée dans la toile de la complication d'Éduin.

Tout est compliqué chez certains individus, leur façon de penser, bien sûr, mais aussi leurs sentiments, leurs passions, leurs goûts, leurs désirs... Avec eux, les complications sont aussi bien d'ordre intellectuel que d'ordre affectif, comme s'ils craignaient par-dessus tout les idées claires et les sentiments simples. En fait, le compliqué n'est compliqué que dans l'exacte mesure où il complique tout.

On pourrait bien entendu objecter que c'est le réel qui est complexe. Le réel, c'est-à-dire tout aussi bien les idées que les émotions, sans oublier les choses elles-mêmes. Ainsi, le compliqué pourrait se prévaloir d'être simplement celui qui a conscience de l'inextricable complication des affaires humaines. Toutefois, il ne faut pas confondre complications et complexité. Le réel d'ailleurs est moins compliqué que complexe, ce qui veut dire qu'il est constitué d'éléments irréductibles et singuliers qui en font la richesse et qui requièrent une pensée claire et tendue. Le complexe l'est en tant que tel. Le compliqué est rendu tel par un esprit confus, incapable de séparer, d'ordonner, de hiérarchiser. De décider aussi, c'est-à-dire de consentir à trancher. En fait, le réel est trop complexe pour être confié à des esprits compliqués.

S'il est un penseur qui nous a appris à rejeter les fausses complications comme autant d'obstacles à une perception ordonnée de la réalité, c'est bien Descartes, à qui l'on doit les fameuses « règles de la méthode ». Dans le domaine intellectuel, il nous apprend à partir de vérités évidentes, c'est-à-dire d'idées claires et distinctes. Tout le contraire des idées obscures et confuses qui font les esprits compliqués. Il nous apprend aussi à diviser les difficultés pour les traiter une par une (règle d'analyse), à commencer par les idées les plus simples pour nous élever peu à peu aux plus complexes. Dans l'ordre pratique, il nous invite à ne jamais « demeurer irrésolu en nos actions », c'est-à-dire à nous en tenir à quelques principes simples pour avoir le courage de décider quand il serait sot de tergiverser.

Bref, Descartes est le penseur par excellence de la simplicité intellectuelle et morale. Bien évidemment, il n'ignore rien de la complexité du réel. Mais c'est justement parce qu'il en a une claire conscience

qu'il nous invite à l'appréhender sans inutiles complications. Alors que l'individu complexe ajoute des difficultés aux difficultés et des problèmes aux problèmes, l'individu aux idées claires réduit le complexe pour mieux l'appréhender.
On comprend ainsi que le compliqué souffre de deux défauts qui nuisent tout aussi bien à la qualité de son jugement qu'à son aptitude à agir. D'une part, il ajoute à la complexité du réel les embrouillements de son esprit. D'autre part, il confond la complexité des choses avec les complications de sa représentation des choses. Il projette ainsi sur le réel sa propre incapacité à être simple, et c'est pourquoi il peut facilement donner l'impression d'une certaine duplicité, quoi qu'il en soit de ses vertus effectives, de son courage, de ses compétences, de sa générosité. C'est que, comme le relève André Comte-Sponville dans le *Petit Traité des grandes vertus,* « toute vertu, sans la simplicité, est pervertie [...]. Inversement, une simplicité vraie, sans les supprimer, rend les défauts plus supportables : être simplement égoïste, simplement lâche, simplement infidèle, cela n'a jamais empêché personne d'être séduisant ou sympathique » (p. 206). Au contraire, toute vertu est pénible quand elle est compliquée, c'est-à-dire quand elle ne parvient pas à être elle-même, purement et simplement.

On pourrait donc affirmer, au sens littéral de ce terme, que le compliqué ne comprend rien, même si c'est aux autres qu'il adresse ce reproche. Dire qu'il ne comprend rien, c'est dire qu'il ne saisit aucune réalité dans une préhension unifiante et synthétique (com-prendre) ce qui l'empêche par ailleurs de se com-prendre lui-même en ce qu'il fait, en ce qu'il éprouve et en ce qu'il pense. C'est pourquoi il lui faut sans cesse revenir sur ce qu'il a dit (on l'a mal compris) et sur ce qu'il a voulu (on s'est mépris sur ses intentions). Revenant toujours sur ce que l'on croyait réglé, il se rend à la fois incompréhensible et inapte à comprendre. Il y perd ainsi toute fiabilité.

Le contraire de l'individu compliqué est donc bien le simple, celui qui fait un avec ce qu'il est et ce qu'il fait. Il sait ce qu'il fait (même s'il lui arrive bien entendu de commettre des erreurs) et sait ce qu'il pense (même s'il se trompe parfois). Elle est peut-être là, la véritable simplicité d'esprit en laquelle l'Évangile voit une forme de béatitude. Car la complication n'est pas davantage une forme d'intelligence que la simplicité n'est une forme de bêtise. La simplicité est au contraire la force des sages capables de jeter quelque lumière utile sur les régions complexes des affaires humaines. Heureux ceux qui ont la chance de travailler avec des esprits et des cœurs simples!

Tharpesse, la méchante

D'un homme de bien, il est aisé de faire un méchant.
Mais qui pourra d'un méchant faire un homme vertueux ?
Théognis de Mégare

Son apparence est débonnaire et sympathique. Elle sourit volontiers et aime faire des plaisanteries. Il est facile de lui accorder sa confiance. Plus d'un s'y est trompé et a pu ensuite en tirer les conséquences, car approcher Tharpesse est risqué. C'est comme vouloir caresser un chien enragé qui somnole. Une fois la lune de miel passée, elle révèle sa véritable nature et attaque. Avec Tharpesse, tout est agressions, insultes, mises en cause. Comme elle est intelligente, ses remarques font mouche, ses soupçons sèment le doute, ses attaques touchent juste. Elle est crainte, elle le sait, elle en jouit. Tharpesse est méchante.

Une fois de plus, Tharpesse a sévi. Sépharine, la jeune stagiaire tout juste arrivée au service communication est sa dernière victime. Son visage est couvert de larmes. Elle ressent un mélange d'humiliation et d'étonnement. Elle a été traitée « plus bas que terre » et ça lui a fait très mal, mais le sentiment qui prévaut est l'incrédulité. Comment imaginer que dans un endroit aussi civilisé que Plasma, une telle violence puisse se déchaîner pour des motifs anodins ? De la part d'un cadre dirigeant ? Et sans que personne n'intervienne ? Elle n'en revient pas. Elle a été traitée d'incapable, de minable, de nullité… pendant plus de cinq minutes (et c'est long cinq minutes dans ces moments-là !) devant six collègues et personne n'a réagi ou pris sa défense. Elle peut entendre des reproches lourds, mais pas la façon dont ils ont été proférés. Et là, elle pleure sans pouvoir masquer son désarroi.

Peu à peu, un cercle se fait autour d'elle, on lui tend un mouchoir, une collègue lui passe même le bras autour des épaules et chacun peu à peu y va de son mot de compassion ou d'encouragement.

Que dit-on à Sépharine ? Que « c'est ignoble », qu'« il faut qu'elle oublie très vite », que « c'est anormal », que « c'est toujours comme ça »… Mais quelque chose peut-il être à la fois ignoble et anormal et se répéter sans fin ? Sépharine ne peut y croire. Elle a choisi son stage après bien des entretiens, après bien des hésitations, car elle avait d'autres opportunités. Et ce qui l'a séduite chez Plasma, c'est le discours sur le respect et la reconnaissance de l'autre. Respect, tu parles ! Tharpesse est passée par là et a complètement pollué l'ambiance sympathique qui régnait dans le bureau.

L'émotion un peu retombée, le temps de la parole arrive, et les témoignages pleuvent :

« Elle est ingérable, elle va être sympa pendant deux jours et tout à coup, elle arrive et elle explose pour un rien, sans prévenir.

– Elle s'en prend à tout le monde, évidemment à ceux qui ne peuvent pas se défendre, mais elle n'hésite pas non plus avec des collègues plus haut placés.

– On la voit venir, elle commence sur un ton badin et, peu à peu, elle entre dans une fureur incroyable qui semble incontrôlable.

– Personne ne lui dit jamais rien ?

– C'est ça qui est fou ! On a peur d'elle, on a honte pour elle et on laisse passer l'orage. »

Sépharine n'en revient pas. Ce qu'elle comprend, c'est qu'une personne peut exercer impunément, dans une entreprise réputée, une tyrannie basée sur la terreur. Elle ne l'aurait jamais cru possible. C'est pourtant le cas, et ça dure depuis des années.

Tharpesse est comme une voiture sans chauffeur roulant à toute allure sans aucun contrôle. Son moteur à elle, c'est la critique, la remise en cause. Elle dit aimer l'entreprise Plasma au-delà de tout et considère qu'il s'agit de justes emportements. Sa repartie fétiche, quand on se hasarde à lui dire que son attitude a dépassé les bornes est : « Je lui ai fait un cadeau ! » Personne ne peut comprendre que ces séances d'humiliation puissent être des cadeaux, sinon empoisonnés.

On ne compte plus les gens qui ont pleuré à cause d'elle dans l'entreprise. Toutes les réunions auxquelles elle assiste se terminent dans un malaise général, car elle préempte la parole et stérilise tout dialogue. Le pire est qu'elle ne se rend pas compte des sentiments de crainte, de dégoût et de haine qu'elle inspire, et prend les silences gênés ou les sourires contraints pour des marques de respect et de popularité. Est-elle sous médicaments ? Souffre-t-elle d'une maladie mentale ? Chacun s'interroge, mais jamais il n'y a eu le moindre signalement à ce propos.

Les semaines ont passé, Sépharine fait son bilan de stage avec Euthorpe, qui lui dit combien il est satisfait de son travail. Tellement satisfait qu'il lui propose de rester chez Plasma avec un contrat à durée indéterminée ! L'offre est incroyable et correspond tout à fait à ce que visait Sépharine lorsqu'elle a débuté son stage. Euthorpe s'attend donc à une explosion de joie, mais, contrairement à ce qu'il imaginait, Sépharine, très calme, lui explique que l'offre est très généreuse, mais qu'elle se voit obligée de la décliner. Euthorpe, incrédule, la presse de lui expliquer ce refus inattendu. Sépharine évoque alors des raisons personnelles : son fiancé a trouvé un travail à l'autre bout de la France et elle souhaite le suivre. Euthorpe insiste un peu, mais mollement, car il se rend bien compte que la décision est irrévocable. Ils se séparent sur des paroles positives et bien évidemment l'envie de se revoir très vite : « Si tu changes d'avis, appelle-moi surtout ! » Mais Sépharine ne changera pas d'avis. Elle ne se voit pas travailler dans une entreprise, aussi intéressante soit-elle, qui nourrit en son sein une personne aussi méchante que Tharpesse. Pour elle, c'est rédhibitoire.

Elle a passé six mois à l'éviter et à observer ses ravages. Mais, comme les autres, elle n'a rien dit et elle s'est tue sur les véritables raisons de son refus. Elle sait bien qu'elle rejoint ainsi la troupe des silencieux, qui, par manque de courage, d'enjeu, d'envie, laissent des agissements inacceptables se perpétuer. Finalement, ce qu'elle a vraiment retenu c'est que le monde du travail est une comédie avec des codes à respecter si on ne veut pas être écarté.

Elle est jeune et brillante, elle va trouver d'autres opportunités professionnelles. Et elle préfère ne pas penser à ses ex-collègues qui restent, faute d'avoir cette possibilité.

Le mot méchant, dans son usage courant, a quelque chose de puéril. Les enfants l'emploient volontiers pour reprocher à leurs camarades quelque tort dont ils auraient souffert. L'apostrophe « tu es méchant » signale alors une blessure qu'on demande au coupable de regretter. Mais en s'adressant à lui, on parie sur sa bonne volonté, on l'invite à considérer les conséquences de ses actes, on le suppose capable de repentir. La réponse attendue est alors celle-ci : « Excuse-moi, je ne voulais pas te faire de mal. »
À en rester à cette figure, le méchant serait donc celui qui fait le mal sans le vouloir et qui, dès qu'il en prend conscience, se montre capable de regretter sa faute. Ce méchant-là tomberait sous le coup du jugement attribué à Socrate : « Nul n'est méchant volontairement. » En effet, pour Socrate, la méchanceté est un avatar soit de l'ignorance, soit d'une volonté faible. Le méchant ne veut pas le mal qu'il fait. Il pèche, pourrait-on dire, par maladresse, par faiblesse ou par inconscience. Il est comme un enfant encore incapable de bien peser ses actes et leurs effets, un enfant qui n'aurait pas encore appris à contrôler ses passions et ses inclinations.
On conviendra sans doute que cette façon de se représenter la méchanceté reste très en deçà de la méchanceté réelle et profonde, la méchanceté

de ceux qui veulent le mal qu'ils font et qui font le mal qu'ils veulent. Cette méchanceté-là n'est pas celle des enfants et n'a plus rien de puéril. Le vrai méchant ne pèche pas par maladresse ou inconscience. Il sait viser là où ça fait mal et peut se montrer très minutieux dans l'art de blesser et d'humilier ceux qu'il juge inférieurs à lui. Comme le note Aristote au sujet de l'homme qu'il qualifie de « déréglé », « il décide de sa conduite » parce qu'il est convaincu que son devoir est d'agir comme il le fait. Le véritable méchant est convaincu de faire son devoir. Si on lui reproche ses insultes ou ses humiliations, il a une réponse toute prête : « Il faut bien... » « Il faut bien les mettre au travail, ces fainéants », « Il faut bien qu'ils prennent conscience de leur incompétence ces bons à rien. »

Alors que la première forme de méchanceté, celle que nous avons qualifiée de puérile, est une méchanceté ponctuelle et intermittente, la méchanceté véritable est une disposition durable du caractère. Une chose est d'avoir mal agi, d'en prendre conscience et de s'en repentir. Autre chose de vouloir le mal qu'on fait et d'être prêt à s'en féliciter. Selon la formulation d'Aristote au livre VII de l'*Éthique à Nicomaque*, le second mal est continu tandis que le premier ne l'est pas.

Le méchant ne souffre donc pas d'une faiblesse de la volonté qui l'empêcherait de faire le bien qu'il désire. Ce qui le caractérise au contraire serait plutôt la force de sa volonté. Soit il veut le mal pour le mal, auquel cas sa méchanceté est perversité (il jouit de faire souffrir et d'humilier). Soit il consent à faire mal pour ce qu'il se représente comme un bien (celui de l'entreprise, par exemple). Dans les deux cas, il n'est pas mû par des passions incontrôlées, mais par une froide rationalité. Il sait ce qu'il fait et fait ce qu'il veut. Jérôme Porée, un philosophe contemporain, dit de lui qu'il ressemble à « un cynique froid, lucide et parfaitement maître de lui ».

C'est pourquoi le méchant ne peut pas regretter sa faute qu'il est d'ailleurs incapable de reconnaître comme telle. Il a fait son devoir. Tout au plus peut-on lui reprocher une erreur. Peut-être aurait-il dû agir autrement, mais il est persuadé que son intention était droite. Le mal qu'il fait ne relève donc pas d'une attention insuffisante aux principes de la moralité, mais d'une attention exclusive à des principes privés auxquels il n'entend pas déroger. Il répétera volontiers qu'on ne fait pas d'omelette sans casser des œufs. À la limite, il peut même ne tirer aucun plaisir des humiliations qu'il impose. Il faut bien que quelqu'un fasse « le sale boulot ».

Alors qu'on peut s'adresser directement au méchant puéril pour l'amener au repentir (« Tu es méchant ! »), le méchant véritable est celui dont on parle à la troisième personne du singulier : « C'est un salaud », « Il est méchant ». Cette distanciation est le signe d'un sentiment d'impuissance. On peut réagir à une action mauvaise, on ne peut pas grand-chose contre celui qui est méchant, sinon espérer confirmation de sa méchanceté. Partout où il paraît, il provoque l'angoisse. Il va frapper, c'est sûr, même si on ne sait pas encore sur qui la foudre va tomber. Le pire, c'est qu'on est presque soulagé d'avoir été épargné. Pour cette fois. La méchanceté est un puissant facteur de désolidarisation.

Léox, l'homme-machine

Une machine est un outil rationnel, conçu pour exécuter n'importe quel ordre sans commentaire.
Harry Mulisch, *L'Affaire 40/61*

Il n'a aucun état d'âme et avance comme en service commandé dans toutes les missions que lui demande sa hiérarchie. Son engagement est total et l'action est sa seule raison d'être, sans jamais se poser la moindre question. Un ordre lui est donné ? Il le mène à bien en étant sourd aux critiques et aux interpellations, même les plus virulentes. Son problème n'est pas ce qu'on pense de lui, mais d'avancer. Il ne se préoccupe pas non plus des conséquences de ses actes. Ce n'est plus son souci. La seule chose qui lui importe est que ce qui doit être fait soit exécuté, dans les meilleurs délais, avec la plus grande efficacité. Léox est un homme-machine.

Un vent mauvais souffle actuellement dans l'entreprise. À la surprise de tous, une action en justice pour harcèlement vient d'être menée par un groupe de salariés de plusieurs filiales. Ce qui pouvait passer au départ pour une rumeur semble s'appuyer sur des faits avérés : des salariés de l'entreprise ont subi pendant des mois des actions de vexation, de dénigrement, de déstabilisation avec pour objectif de les pousser à la démission. L'ensemble a été orchestré par un des hommes liges de la direction : Léox. L'histoire est tout simplement incroyable dans le contexte tranquille de Plasma, et chacun cherche à comprendre ce qui a pu se passer pour en arriver à cette crise.

Il faut aller chercher assez loin l'origine des faits, presque deux ans en arrière. À cette période, Plasma était en difficulté et avait mal géré le rachat de plusieurs points de distribution qui pesaient lourd sur le compte de résultat de l'entreprise. En effet, ces magasins se révélaient avoir un effectif pléthorique et du personnel pas assez formé pour répondre de façon efficace aux exigences. La direction de Plasma avait donc émis le vœu de réduire le nombre d'employés pour améliorer les performances des magasins et, par conséquent, réduire les pertes de l'entreprise. Or, il s'était rapidement révélé que le coût des licenciements était astronomique compte tenu de l'ancienneté des salariés et le plan de départs volontaires n'avait eu aucun succès. En effet, les personnes étaient attachées à leur travail et, de plus, beaucoup d'entre elles ne pouvaient espérer trouver un autre emploi ailleurs, faute de qualification suffisante.

Léox avait alors été chargé par la direction de « gérer » le dossier. Les magasins étant à l'autre bout du pays, le rachat d'autres filiales ayant absorbé toutes les énergies, le sujet avait été peu à peu placé tout au-dessous de la pile des dossiers à traiter. Pendant des mois, personne n'avait su ou voulu reparler de la gestion du personnel des magasins. Il n'est pas facile d'évoquer des questions qui fâchent, des points négatifs alors que toutes les énergies doivent être mobilisées pour le succès et le développement. Avec l'accord tacite de tout le comité de direction, le sujet avait disparu des écrans radars. Les rares fois en deux années où il avait été abordé, c'était sous forme de tableaux, de chiffres, de diagrammes, de camemberts, de pourcentages. Au grand contentement de tous, le travail de Léox portait ses fruits comme le montraient les ratios toujours plus positifs. Tout le monde s'était concentré sur les résultats et personne ne s'était jamais inquiété de la façon dont ils étaient atteints.

Mais maintenant, le déni prenait fin avec une réalité cruelle qui s'imposait à tous ! En effet, pour améliorer la rentabilité des magasins, Léox avait bien misé sur la diminution des effectifs, ou plutôt sur leur renouvellement. Son objectif avait été d'obtenir le départ des plus âgés, aux compétences obsolètes, bénéficiant d'avantages et de rémunérations en phase avec leur forte ancienneté, et, dans le même temps de recruter des employés plus jeunes, capables d'évoluer et forcément beaucoup moins payés du fait de leur inexpérience et d'un marché de l'emploi en grande tension.

Léox avait décidé d'employer les grands moyens, sans en référer à ses supérieurs, s'appuyant sur leur seule « commande ». Il avait reçu un ordre, il allait tout faire pour s'y conformer, sans le remettre en cause, ni sur le fond, ni dans la forme. Son but était de tenir les objectifs assignés et de recevoir les primes et les félicitations associées à son succès.

L'enquête révélait qu'il avait mis en place une vaste entreprise de harcèlements pour décider les salariés considérés comme obsolètes à quitter l'entreprise. Il avait commencé par des réflexions négatives, des moqueries à l'endroit des employés les plus fragiles psychologiquement. Voyant que personne ne prenait leur défense, il était passé aux insultes et aux intimidations. Sa tactique consistait ensuite à les isoler et à en faire les boucs émissaires des problèmes que pouvait connaître le magasin. Il les cantonnait à des tâches ingrates, voire dégradantes. Ainsi, une dame qui tenait la caisse depuis plus de vingt ans s'était vue assigner aux stocks, tâche fatigante et salissante, qui lui avait fait perdre le contact avec la clientèle qu'elle affectionnait tant. Léox avait même poussé le vice à la remettre en caisse alors qu'elle était décoiffée et que ses vêtements portaient la marque de plusieurs heures de manutention, ce qui lui avait été tout particulièrement cruel, elle qui était si coquette. Soumis à ce régime de harcèlement, les salariés perdaient peu à peu toute estime d'eux-mêmes et leur confiance en eux. Ils se mettaient alors à commettre des petites erreurs que Léox dénonçait avec véhémence pour les humilier et qu'il notait systématiquement pour constituer un dossier de licenciement inattaquable devant le conseil des prud'hommes. Ceux qui avaient cherché à résister ou à s'insurger devant de telles pratiques avaient vite subi le même sort.

Les employés des quatre magasins venaient travailler la peur au ventre et, au bout de quelques semaines de ce régime, craquaient. Ils démissionnaient ou acceptaient une faible transaction pour quitter au plus vite ce qui était devenu leur enfer au quotidien. Léox recrutait alors un plus jeune, en veillant à ce qu'il ait certains traits de caractère : l'arrogance, l'égocentrisme, un goût immodéré de la réussite et un grand mépris pour ceux qui ne lui ressemblent pas. Des clans s'installaient, d'un côté les jeunes pleins de promesses, de l'autre les vieux « bons pour le rebut ». Et le cycle recommençait, ne promettant de s'arrêter qu'une fois le remplacement de tout le personnel acquis.

C'est seulement après le suicide d'une des employées, soumise à ce régime depuis plus de dix-huit mois, et à la lecture de la lettre qu'elle avait laissée, qu'un médecin du travail s'était décidé à regarder de plus près ce qui se passait dans ces magasins. Il n'eut pas gain de cause tout de suite, tant la terreur et la loi du silence régnaient en maître. Mais après quelques semaines de relances obstinées, il put retenir des témoignages affligeants sur la conduite effarante de Léox.

Interrogé par les juges, Léox se contenta de dire qu'il obéissait à des ordres, qu'il était entièrement dévoué à l'entreprise et que la réussite avait toujours un coût. Pour lui, ce n'était pas cher payé pour préserver des milliers d'emplois et contribuer au développement d'une entreprise merveilleuse. Sa loyauté allait à Plasma avant toute chose. C'est dans ce même état d'esprit qu'il avait décidé de ne rien dire à sa hiérarchie afin de la préserver. Il ne comprenait pas pourquoi on faisait un tel scandale, car il n'y avait pas mort d'homme ! Ou si peu…

La seule chose qui ébranla Léox fut d'apprendre qu'il était complètement désavoué par sa hiérarchie. Il refusa d'y croire, accusant ses interlocuteurs de mensonges et de manipulation. Il refusa de se rendre à l'évidence, considérant qu'il n'avait fait que se conformer aux ordres, sans état d'âme et que l'entière responsabilité incombait à la direction de l'entreprise.

Dans le contexte du fonctionnement ordinaire d'une entreprise, l'homme-machine apparaît comme un modèle de sérieux, de fiabilité et d'organisation. Ce n'est pas lui qui irait protester contre ses conditions de travail ou remettre en cause un projet, une réforme, un protocole. Mieux que cela, si la politique générale de l'entreprise prend un virage à 180°, il s'investira sans états d'âme pour faire exactement ce qu'on attend de lui, dût-il pour cela faire exactement le contraire de ce qu'il faisait jusqu'à présent. Et s'il le fait, ce n'est pas au nom de ses convictions. Si l'homme-machine n'a pas besoin de croire en ce qu'il fait, c'est parce qu'il est un homme dépourvu de convictions. Il ne croit pas, il sert. Il accomplit la tâche pour laquelle il est rémunéré et met toute sa fierté dans sa réalisation la plus efficace possible. Ses supérieurs ont toutes les raisons d'apprécier ses résultats.

Certes, il n'est pas d'une très grande intelligence et est dépourvu de toute faculté d'invention, de toute capacité d'initiative. Il a besoin qu'on lui donne des consignes précises et rigoureuses, qu'on lui fixe des objectifs clairs et chiffrés. Cela le rassure, les objectifs chiffrés! Ils ont un vernis de rationalité qui lui donne le sentiment que ses performances sont parfaitement évaluables. De plus, il pourrait passer pour un individu d'une très grande probité, habité par un très fort sens du devoir. Il se doit de faire ce que l'on attend de lui et n'hésitera jamais à se désolidariser de collègues contestataires. D'ailleurs, il ne comprend même pas leurs scrupules ou leurs objections. Il existe des chefs pour prendre des décisions et en assumer la responsabilité. Lui, il ne juge pas, il ne conteste pas, il ne décide pas, il n'a pas de scrupules. Encore une fois, il sert.

L'homme-machine est celui à propos duquel Harry Mulisch, dans *L'Affaire 40/61*, écrit: « Cet homme parfaitement malléable, strictement insensible à la corruption [...] est l'opposé du rebelle. Il est exactement le contraire de celui qui ne veut pas entrer dans les rangs. Il est la machine toujours fiable. Il est l'homme qu'il faut là où il faut. Il est l'idéal de la psychotechnique. »

L'employé parfait donc? On pourrait être tenté de le croire. Pourtant, l'auteur prend soin de rajouter une remarque que nous avons volontairement omise: « Il est extrêmement dangereux. » Comment cela, cet employé modèle, parfaitement fiable, qui jamais ne se rebelle, qui fait exactement ce qu'on attend de lui, un individu dangereux? Pour le comprendre, il faut savoir que l'homme décrit pas Harry Mulisch dans *L'Affaire 40/61* n'est pas un personnage de roman. Il s'agit d'Adolf Eichmann, responsable logistique de la solution finale dans l'Allemagne du IIIe Reich. Lors de son procès, qui a eu lieu à Jérusalem en 1961, il n'est pas apparu comme un idéologue nazi cruel et antisémite, mais comme un personnage d'une intelligence médiocre qui avait toujours fait exactement ce qu'on attendait de lui. Petit fonctionnaire des postes, il aurait fait son travail avec rigueur et sérieux pour la plus grande satisfaction de ses chefs qui n'en auraient pas moins hésité à le promouvoir. Officier subalterne dans l'armée allemande, il s'est employé à être efficace lorsqu'il a reçu l'ordre d'organiser la mise à mort de millions de Juifs.

Mais enfin, me direz-vous, il y a loin de ce sinistre personnage à l'homme-machine de nos entreprises ou de nos administrations ! Justement, cela n'est pas si sûr. Car ce qu'ont remarqué certains psychologues d'entreprises, à commencer par Christophe Dejours, l'auteur de *Souffrance en France*, c'est qu'Eichmann n'est pas exactement une exception. Un prototype plutôt. Celui de l'agent rationnel dépourvu d'états d'âme autant que de convictions, et qui met sa fierté dans sa capacité à répondre exactement aux attentes de ses supérieurs.

Or, c'est précisément dans les situations de crise que ce genre d'individu se révèle dangereux. On n'a bien entendu rien à craindre de lui lorsqu'il s'agit d'accomplir une besogne aussi ordinaire que routinière. Mais si, dans une entreprise en difficulté, traversée par des doutes, des angoisses, des difficultés majeures, vous lui confiez le « sale boulot » (des petits rapports discrets sur ses collègues par exemple), il le fera avec la même efficacité que quand il accomplissait ses tâches de comptabilité. Ce n'est pas qu'il soit méchant ou cruel. Aucun de ces termes n'est en mesure de le définir. C'est simplement qu'il est parfaitement docile, parfaitement obéissant. Sa devise pourrait être : « Un ordre est un ordre. » Laissons encore une fois la parole à Harry Mulisch : « La voiture ne peut rien contre l'ordre mystique du pied sur l'accélérateur. Elle n'a aucun moyen de résister. À chaque ordre donné par un supérieur, on claque les talons et on dit "à vos ordres", il n'y a pas d'autre chose à faire. »

Nous l'avons dit, l'homme-machine est l'opposé du rebelle. Il est aussi aux antipodes de la plupart des autres figures des sociétés organisées. Il n'est ni perso, ni blasé, ni vaniteux. On ne peut lui reprocher ni son incompétence ni son hypocrisie. Pourtant, le meilleur des employés opérationnels peut parfois cacher un cadre dévastateur, une machine froide, dangereuse et sans âme.

Anatolia, la *cool*

Chaque faculté de l'âme a sa version affaiblie et quotidienne du bien.
Rémi Brague
(lors d'une conférence donnée à Strasbourg)

Anatolia fait partie de ces personnes qui semblent toujours en décalage avec leurs interlocuteurs. Comme si elle flottait légèrement au-dessus du sol, comme si tous les événements lui glissaient dessus telle la pluie sur les plumes d'un canard. Elle est toujours aimable, d'un calme olympien, portant un regard résolument optimiste sur ce qui l'entoure. Rien ne semble jamais troubler la limpidité de son regard, ses yeux restent écarquillés comme s'ils s'étonnaient *ad libitum* du beau spectacle du monde. Anatolia vit sans agenda, elle ne connaît ni l'urgence, ni la pression, ni la mauvaise humeur, qui sont pour elles toxiques et synonymes de perte d'énergie positive. Anatolia semble être au centre d'une bulle et le monde autour d'elle est censé s'adapter à son biorythme. Elle agace, mais on l'envie : Anatolia est *cool.*

Anatolia arrive à l'entreprise. Depuis vingt ans, elle vient à vélo, qu'il vente, qu'il neige ou qu'il fasse un grand soleil. Justement, aujourd'hui il tombe des trombes d'eau, mais cela ne semble pas la gêner le moins du monde. Elle a revêtu une grande cape en plastique qui la fait ressembler à un pèlerin sur le chemin de Compostelle. Elle descend de son vélo, ne l'attache pas, car elle a confiance en ses contemporains. Elle détache sa sacoche en cuir souple à frange du porte-bagages et se dirige vers le hall d'entrée, sans se hâter malgré la pluie qui ruisselle. Une fois la porte vitrée franchie, elle ôte son casque (seule entorse à la confiance inébranlable qu'elle a dans la sécurité de la circulation de son pays) et se défait tant bien que mal de sa houppelande, éclaboussant tout autour d'elle.

Quand elle se redresse enfin, son abondante chevelure grisonnante et vaporeuse dessine une sorte de halo autour de sa tête. Elle porte aujourd'hui une tunique en laine vert anis un peu trop grande et un peu trop longue sur un pantalon en velours couleur brique. Elle arbore un long sautoir en argent autour du cou et des chaussures en cuir qui semblent offrir en confort ce qu'elles ne peuvent revendiquer en esthétique.

Anatolia sourit longuement aux deux personnes de l'accueil. Toujours souriante, elle se dirige vers l'ascenseur et donne une large accolade à Jonas. Anatolia est heureuse, elle sourit à la vie et à ceux qu'elle croise. Rien ne la dérange, elle ne connaît pas le stress, elle avance dans l'existence avec une forme de légèreté qui ressemble parfois à de l'insouciance.

Anatolia est *cool*, c'est une certitude et elle en est fière. Elle porte même cette « coolitude » comme un étendard et affecte un certain mépris pour ceux ou celles qui ne réussissent pas à pratiquer le même détachement. Pour elle, la colère, les marques d'agacement, les remarques acerbes, les critiques, l'énervement trahissent une personne qui ne se maîtrise pas, ce qui semble être la pire des tares humaines. Mais ce côté inatteignable qu'elle cultive, comme au-dessus des contingences, agace souvent profondément et n'aide pas toujours à résoudre les problèmes ou aplanir les difficultés.

Elle rejoint son bureau en chantonnant, prenant tout son temps pour échanger avec Fiorenzo qui passait par là. Elle a déjà plus de vingt minutes de retard, mais ne s'en soucie guère. Anatolia entre dans la pièce, non sans avoir tranquillement déposé ses affaires dans son bureau et s'être fait un café.

Quand elle rejoint ses collègues Odilon et Wilbur, qui piétinent dans la salle de réunion, la tension est à son comble. Ils ont besoin d'elle car il y a un retard dans le projet Lilliput et un certain nombre de décisions sont à prendre. Or, Wilbur et Odilon ne sont pas d'accord sur la façon de procéder et ont besoin de son arbitrage et de son appui en haut lieu. Ils commencent à lui expliquer leurs points de vue, se coupant la parole, haussant le ton et se jetant des piques entre deux démonstrations. Anatolia s'assoit dans un des fauteuils autour de la table et attend tranquillement, leur portant un regard à la fois amusé et réprobateur. Son attitude a pour vertu de faire retomber un peu l'excitation et, peu à peu, les protagonistes se mettent à parler plus tranquillement, mettant moins de véhémence dans leurs propos. Dès qu'un consensus semble se dessiner, Anatolia regarde son smartphone et tente de s'éloigner pour rejoindre d'autres lieux plus calmes. Elle est aussitôt rattrapée par Wilbur et Odilon : « Mais tu vas où ? On a besoin de toi ! Il faut que tu téléphones à Sigisbert pour avoir son accord. Nous ne pouvons avancer sans cela ! »

Anatolia marque le pas et se tourne vers eux, portant son regard vers un horizon lointain, bien au-dessus de leur tête. Si sa « coolitude » a su refroidir le conflit, elle n'est pas d'un grand secours quand il s'agit justement de passer à l'attaque. Anatolia n'a pas du tout, mais pas du tout envie de « se prendre la tête » avec Sigisbert. Interpeller, négocier, exiger ne fait pas partie de sa grammaire. Pourquoi tant d'agitation ? Tant de stress ? Pourquoi la presser alors que les choses vont bien rentrer dans l'ordre naturellement ? Comme toujours dans ces moments-là, elle se met à évoquer des sujets qui n'ont rien à voir avec le problème, pour mieux le contourner dans l'espoir de le faire disparaître totalement. Elle va parler des pannes du projet Gargamel, qui rendent ridicules celles de Lilliput, revenir sur le dénouement heureux de la crise Gulliver ou encore rappeler par le menu le passage à vide de leur filiale des Pays-Bas. Avec Anatolia, il s'agit toujours d'aplanir, de polir, de minorer, pour garder cette distance dont elle a besoin pour préserver son calme intérieur. Elle a le sentiment qu'en niant le problème, le problème n'existera plus.

Wilbur et Odilon n'ont pas du tout envie qu'elle se défile et entendent bien lui faire assumer ses responsabilités. Ensemble ils lui redisent l'importance pour eux et pour l'entreprise qu'elle s'implique à leur côté pour faire entendre raison à Sigisbert. Mais Anatolia semble déjà loin, son regard les évite, ils n'existent déjà plus pour elle. Elle les reverra avec beaucoup de plaisir quand ils ne seront plus les témoins d'une usine à problèmes comme c'est le cas ce matin. Wilbur et Odilon, de guerre lasse devant autant de passivité, s'écartent pour la laisser passer et retournent à leur plan de bataille.

Anatolia s'éloigne, elle a repris son chantonnement. Sourire aux lèvres, elle avance vers un monde où les mots « problèmes », « difficultés », « stress » n'existent pas. Le monde enchanté et enchanteur de la « coolitude », ouvert à quelques *happy few* dont elle fait partie depuis des décennies maintenant, et où elle a la ferme intention de rester le plus longtemps possible.

Cool. Cela fait peu de temps que ce terme fait partie du catalogue des vertus professionnelles ou de ce qui peut en tenir lieu. Arraché à son sens originel qui renvoie à l'idée de fraîcheur, il est entré dans le vocabulaire mondialisé pour désigner une forme de décontraction (la « coolitude »), la capacité à aborder les difficultés en évitant toute « surchauffe ». Le *cool* est ainsi devenu l'antonyme du stressé et si on l'apprécie, c'est précisément parce qu'il ne stresse personne.

Quand celui que l'on qualifie de *cool* est un chef, à son caractère peu stressé s'ajoute la représentation d'une certaine proximité. Le *cool* n'éprouve pas le besoin de surjouer sa supériorité hiérarchique, ce qui lui confère une certaine authenticité. Loin de jouer un rôle, il semble assumer ses fonctions avec la distance teintée d'humour de ceux qui ne se la jouent pas.

Pourtant, même si le *cool* (ou la *cool*) apparaît bien sympathique, le jugement par lequel on l'identifie porte la marque d'une valorisation minimale. On voit très vite quelles sont les vertus de celui dont on loue le courage, la générosité, les compétences ou l'humanité. Mais outre le fait qu'il est *cool*, on ne sait pas trop bien quelles vertus reconnaître à celui

que l'on juge tel. D'ailleurs, si on loue volontiers le courage ou l'exemplarité de quelqu'un, on ne loue pas vraiment sa « coolitude ». On la constate plutôt comme un trait appréciable de caractère.
Par conséquent, le jugement de valeur « il (ou elle) est *cool* » est aussi très vague. À proprement parler, il s'agit d'ailleurs à peine d'un jugement de valeur. Nous l'avons dit, en anglais, *cool* signifie frais. Or la fraîcheur ne fait pas l'objet d'un jugement, mais d'une sensation. On ne « juge » pas qu'il fait frais, on ressent la fraîcheur. De la même façon, la personne *cool* est moins jugée que « sentie » comme telle. Pour le dire autrement, on ne la juge pas *cool*, on la trouve *cool*. Avec ce terme, nous avons affaire au vocabulaire de la sensation subjective. Et la sensation de « fraîcheur » est bien entendu une sensation agréable quand menacent le stress et le régime de surchauffe. La « coolitude » est donc moins une valeur morale qu'une manière d'être ou de paraître, agréable pour son entourage.
Rémi Brague, un philosophe contemporain, relève que notre société a popularisé ce qu'il appelle « des biens faibles ». Ces biens faibles, à usage commun, peuvent être distingués des « biens forts » de la tradition morale (la noblesse, la force d'âme, le sens du discernement, la sagesse...). Ils se présentent aussi comme des biens mondialisés et sont exprimés dans la même langue. À côté de ce qui

est *cool*, on peut ainsi se réjouir de ce qui est *fun* et de ce qui est « O.K. ». Alors que le *cool* est affaire de sensation, le *fun* renvoie à l'ordre du sentiment et le « O.K. » à celui de l'intellect. Le *cool*, le *fun* et le « O.K. » seraient ainsi les versions vulgarisées des grands transcendantaux d'autrefois : le bien, le vrai, le beau. À biens faibles, louange minimale. Il est aussi agréable d'être O.K. (en accord avec ce que l'on estime correct) que d'être confronté à quelqu'un de *fun* ou de *cool*, mais cet agrément ne prouve pas grand-chose. Il se joue dans les étages inférieurs de nos sensations, de nos sentiments et de notre intelligence, à ce niveau où le minimum suffit s'il procure quelque plaisir.

Ainsi, le qualificatif *cool* ne désigne pas ce que les anciens appelaient une vertu. D'ailleurs, être *cool* ne prouve rien. Je peux être *cool* (ou paraître tel, mais cela change-t-il quelque chose ?) et être en même temps paresseux, lâche et incompétent. C'est que la « coolitude », redisons-le, n'est pas une vertu susceptible d'être jugée et appréciée, mais un mode relationnel susceptible d'être ressenti. Je sais bien que certains philosophes populaires prônent des valeurs morales minimales et que Michel Onfray, par exemple, aime répéter que l'important, c'est d'être sympa, ce qui devrait en effet être le minimum.

Mais là encore, ne confondons pas qualité sociale et vertu morale. Il est certes agréable de travailler avec des gens sympathiques, *fun* et *cool* avec lesquels on est heureux d'être « O.K. ». Il est préférable de travailler avec des collègues peu stressés et peu stressants. Mais n'oublions pas pour autant que la question n'est pas de savoir si une personne est *cool*, mais ce qu'elle fait de sa « coolitude », de cette disposition relationnelle qui n'a de sens et de valeur qu'orientée vers un bien fort (solidarité, exemplarité, respect...) sans lequel l'éthique se trouve réduite à un mode de gestion des affects.

Kantz, le passager clandestin

– Bartleby ! Vite, j'attends.
– Que désirez-vous ? demanda-t-il suavement ?
– Les copies, les copies, dis-je d'un ton pressé. Nous allons les comparer. Tenez...
– Je préférerais pas, dit-il, et il disparut doucement derrière le paravent.
Herman Melville, *Bartleby le scribe*

Il dort sur le bateau, il mange sur le bateau, il se lave sur le bateau, mais il ne paie pas son billet ni ne travaille pour le bateau. C'est un passager clandestin. Kantz est de cette espèce, version entreprise : il vient le matin (quand il n'oublie pas de venir), reste une partie de la journée dans l'entreprise, mais ne contribue en rien à son activité. Il fait toujours autre chose que ce pour quoi il est payé. Son énergie passe dans l'échafaudage de scénarios sophistiqués pour se soustraire à ses missions. Grâce à de patientes stratégies, il s'est rendu « invirable » et entend bien en profiter. Pourquoi se conduit-il ainsi? Par paresse ou par vengeance? Nul ne le sait, même pas lui. D'ailleurs, à quoi sert de se poser la question?

Il est 8 heures, tout le monde cherche Kantz, mais apparemment il n'est pas encore arrivé. À moins qu'il ne soit déjà reparti vers d'autres lieux sans qu'on puisse le localiser. C'est en effet une des grandes compétences de Kantz d'être dans l'entreprise sans que personne sache jamais ni où il est, ni ce qu'il fait. Dûment sommé de s'expliquer, il fait valoir que, en tant que personne support, il doit travailler avec tous les services et qu'il va où on l'appelle quand il y a des dépannages à faire. Les responsables ont pourtant à gérer des plaintes continuelles quant aux défaillances de Kantz. « Il n'est jamais là quand on a besoin de lui », « Il est impossible à joindre », « Ça fait des jours qu'on attend qu'il intervienne » sont des refrains qui résonnent aux quatre coins de Plasma.

Si on y regarde de plus près, l'organisation professionnelle de Kantz démontre un art consommé d'esquives et de contournements de la tâche à accomplir. Toute son énergie est déployée pour « ne pas » faire. Ainsi, Kantz a mis des mois à obtenir, à l'usure, une dérogation pour arriver hors des plages horaires permises par l'entreprise. Il doit en effet conduire sa fille à l'école et a réussi à transformer cette contrainte personnelle en une obligation incontournable pour l'entreprise, au grand dam des nombreux parents qui ont eu vent de cette exception. Sa fille a grandi et ne demande certainement plus à son père de la conduire chaque matin à l'université, mais l'acquis est resté. Ainsi, au mépris de toute logique, la personne qui devrait être dans l'entreprise avant tout le monde pour garantir la bonne marche des équipements est celle qui arrive le plus tardivement.

Plusieurs directeurs des ressources humaines ont bien essayé de revenir sur cet avantage totalement incongru, mais ils ont eu à affronter des absences pour maladie, un sabotage systématique des tâches à accomplir, avec des dysfonctionnements en cascade à gérer. Kantz, s'il apparaît tout en bas de l'organigramme de Plasma comme agent de maintenance, possède, grâce à une expertise acquise au cours des années, un pouvoir informel énorme, il est le garant du bon fonctionnement du matériel. Ce savoir-faire crée une très grande vulnérabilité à son endroit, il le sait et il en jouit. Toutes les tentatives pour desserrer son emprise ont échoué. Il a systématiquement découragé tous ceux ou celles qui ont été recrutés pour travailler à ses côtés. De même, d'autres postes beaucoup plus valorisants lui ont été proposés, mais Kantz n'est pas né de la dernière pluie et il se cramponne à cette fonction si critique pour l'entreprise.

Il est passé maître dans l'art de déjouer les contraintes. Ainsi, il lui a été imposé de remplir des fiches d'activité et on a pu constater qu'il pouvait faire, au même moment, des dépannages à trois endroits à la fois ! Quand on lui fait valoir l'absurdité de la chose, il oppose les urgences, la lourdeur d'une tâche administrative stérile ou pointe la menace de harcèlement... et se met en arrêt maladie !

Malgré sa très lourde charge de travail, il a réussi à se faire élire dans un certain nombre de comités de l'entreprise et passe une grande partie de son temps en réunions diverses. Il fait aussi valoir les travaux afférents à ces commissions dans son emploi du temps : il consacre ainsi trois demi-journées cette semaine à la lecture de dossiers, personne ne pouvant réellement apprécier ni l'urgence, ni les enjeux, ni le temps à consacrer à cette lecture.

Kantz joue sur le flou, le vide, la marge, et se glisse comme une anguille dans toutes les brèches de l'organisation. Il a bénéficié et continue à bénéficier de soutiens souterrains, en échange de petites faveurs. Il est le maître de l'informel et de tout ce qui se passe dans la partie immergée de l'iceberg Plasma.

Cela fait des années qu'on le côtoie, qu'on répète que « ce n'est plus possible », mais il est encore là, indifférent aux critiques et aux remarques. Si on entame la conversation avec lui, très vite, il reviendra sur une promotion qui lui a échappé ou des congés qui lui ont été refusés. Son ressentiment le plus vif, date de l'année où il n'a pas pu bénéficier d'un dispositif d'allègement de son temps de travail pour seulement quelques jours d'ancienneté manquants. Il ne comprend toujours pas qu'on n'ait pas « arrangé le coup », et tient à le répéter à l'envi.

Son bureau est à l'image de sa marginalisation. À la faveur de différents déménagements internes, Kantz a su, il y a des années, obtenir un bureau complètement inaccessible où personne ne passe jamais. Il n'a d'ailleurs pas de numéro, la porte est toujours verrouillée et le poste de téléphone est constamment en dérangement. Le visiteur qui parviendra tout de même à y entrer découvrira un aménagement hors normes : un fauteuil d'un grand confort, un petit réfrigérateur, un canapé et même une télévision. Cette installation est le fruit de nombreuses tractations. Chaque équipement a été obtenu lors de changements de responsables de service, sur des fins de budget ou encore à l'occasion de changements de mobilier. Avec Kantz, tout est en mode « off ». Il a décidé de vivre dans l'entreprise, de se faire payer par l'entreprise, en se faisant un point d'honneur à y travailler le moins possible. Kantz est le passager clandestin du navire Plasma, et le restera vraisemblablement jusqu'à la retraite. Au fait, cet après-midi, il part une heure plus tôt que d'habitude, car il teste un nouveau trajet pour rentrer à son domicile !

La philosophie occidentale a toujours vu dans la raison une faculté proprement humaine ordonnée à la fois à un usage théorique (penser) et à un usage pratique (agir). L'action véritable, en effet, n'a pas grand-chose à voir avec la spontanéité d'un comportement. Elle requiert un temps de discernement et de délibération, ce qui veut dire aussi que l'esprit actif a toujours des raisons de faire ce qu'il fait, des raisons qui le rendent capable, précisément, de rendre raison de ses actes.

Or, certains individus font de cette raison un usage pour le moins singulier. Chez eux, cette faculté vise moins les modalités d'un agir efficace que l'invention de moyens destinés à éviter l'action à laquelle ils devraient se consacrer. Pour le dire autrement, la raison est en eux une faculté dont ils usent pour ne pas faire ce qu'ils devraient faire. Cela ne signifie pas qu'ils ne font rien. Bien au contraire. Mais tout ce que leur raison les conduit à faire a pour fonction de leur permettre d'éviter les tâches qu'ils devraient assumer. Ils font d'ailleurs preuve à ce sujet d'une étonnante créativité, aussi bien pour inventer des justifications confondantes (« J'ai dû aider un collègue à changer une roue ») que pour se trouver de bonnes raisons d'avoir manqué à leurs obligations.

La raison est donc moins chez de tels individus la faculté de l'action généreuse et efficace qu'une machine à fabriquer des alibis. Le plus étrange c'est d'ailleurs l'énergie qu'ils dépensent pour ne pas faire et pour élaborer les raisons de leur abstention. Il y a bien en eux une forme de rationalité, mais intégralement mise au service de leur passion paresseuse. De leurs raisons, on pourrait dire ce que dit Malebranche des raisons étranges de l'homme soumis à ses passions particulières: «Ce sont des raisons qui dans le fond ne sont pas raisonnables, parce qu'elles ne sont pas conformes à la souveraine Raison, ou à la Raison universelle que tous les hommes consultent.» Chacune de leurs raisons, en effet, est prise au piège de leurs intérêts particuliers. Leur raison ne sert que leur passion, si l'on entend par là la force d'inertie des mauvaises habitudes dont ils pâtissent et dont ils font pâtir les autres.

Leurs raisons ne sont pas seulement déraisonnables. Elles sont aussi volatiles et changeantes. De tels individus – appelons-les désormais «passagers clandestins» – ont toujours une raison de rechange.

Faut-il considérer qu'ils sont simplement paresseux? Oui et non. Oui, parce que paresseux, ils le sont sans aucun doute. Non, parce qu'ils ne le sont pas simplement. La paresse simple a quelque chose de sympathique. Mais la paresse du passager clandestin est une paresse complexe et paradoxale, puisqu'elle sollicite la raison pour produire des subterfuges fort coûteux en temps et en énergie. Ainsi, bizarrement, cet individu, contrairement au simple paresseux, est toujours en train de s'agiter. Il est ici et là, va d'un point à un autre (sans courir, quand même!), ébauche de multiples activités. Si on le regarde de loin, on voit un individu actif. Et c'est d'ailleurs ce fond d'activisme varié qui lui donne le sentiment non seulement d'être efficace et investi, mais parfois même d'être indispensable. En effet, on en appelle à lui de partout, et il ne s'aperçoit pas que c'est pour lui demander de faire ce qu'il aurait dû faire depuis longtemps.

Imaginons maintenant qu'on reproche à cet homme sa paresse, son côté «tire-au-flanc». Il y a fort à parier qu'il ne comprendrait pas. En effet, le passager clandestin vit son statut avec d'autant plus d'aisance qu'il est parvenu à se persuader qu'il n'arrête pas. C'est précisément cette croyance soigneusement auto-entretenue qui lui permet d'occulter la réalité de ses stratagèmes. Il croit vraiment qu'il est hyperactif, investi, disponible pour tout un chacun, débordé par les appels multiples qui lui sont adressés, toujours sur la brèche. Trivialement, on pourrait dire qu'il y croit et qu'il s'y croit. Moins trivialement, on pourrait désigner cela, en termes sartriens, comme sa mauvaise foi. Il entretient en effet en lui cette duplicité interne qui le rend capable de faire une chose en demeurant aveugle aux raisons de ce qu'il fait, ce qui lui permet de croire à l'image qu'il se fait de lui-même. Ce qui lui permet d'ailleurs aussi de croire que les autres le voient comme lui-même se voit.

Cet individu, en définitive, mérite bien d'être désigné comme « passager clandestin ». Passager, il l'est dans l'exacte mesure où il n'est jamais que de passage, même s'il l'est durablement. Passer est sa manière d'être, de ne pas s'installer, de ne pas s'investir, de ne pas s'engager. Clandestin, il l'est pour lui-même au moins autant que pour les autres. Il ne cesse de se cacher derrière ses manœuvres dilatoires pour tenter de dissimuler ce qu'il est et qu'il ne veut ni voir ni montrer. Étrange passager clandestin, toutefois, qui opère au vu et au su de tous en demeurant aveugle à sa propre clandestinité.

Gilbrin, le fanfaron

Le fanfaron travaille à ce qu'on dise de lui qu'il a bien fait.
Jean de La Bruyère, *Les Caractères*

Il ne connaît que deux pronoms : « moi », « moi », « moi » et « je », « je », « je ». Quel que soit le sujet, le moment de la journée, le contexte, l'interlocuteur, Gilbrin n'a qu'un sujet de conversation : lui ! Une unique préoccupation : faire savoir tout ce qu'il fait et qu'il est le meilleur. Si la discussion glisse sur un autre sujet, il essaie avec constance de recentrer l'attention sur lui ; s'il n'y arrive pas, on le voit se détourner vers son smartphone ou se retirer instantanément de l'échange. Pour autant, comme il est sympathique, beaucoup de ses collègues sont indulgents avec Gilbrin le fanfaron.

Tout le groupe de direction est réuni au restaurant pour fêter la promotion de Wilbur. Il a été nommé à de hautes fonctions dans le groupe, après un processus de candidature très exigeant et très disputé. Il le mérite et il n'y a aucune équivoque dans la liesse du groupe. Le dessert arrive : c'est le moment du discours. Wilbur, toujours très en retrait, se fait prier, car il n'a pas très envie de prendre la parole et de se mettre en avant. Il se lève timidement et s'apprête à commencer son allocution, mais il se ravise. À deux places de lui, sans se préoccuper de ce qui se passe, Gilbrin pérore de sa voix de ténor. Alors que tous les yeux sont tournés vers Wilbur, Gilbrin continue à évoquer ses dernières aventures sportives. Quand il s'agit de lui, tout est formidable, hors normes, merveilleux ! Les « chut » le font enfin taire. Beau joueur, il se tourne tout sourire vers Wilbur et propose de porter un toast en son honneur. Résultat : Gilbrin reste au centre de toutes les attentions…

Gilbrin est surprenant, il est curieux de tout, il est toujours enthousiaste, plein de vie et d'énergie, mais il a un besoin absolu d'être entouré et de toujours convaincre que ce qu'il vit et fait est parfait. Est-ce pour mieux s'en convaincre lui-même ? Il vit dans une compétition permanente et invisible aux autres participants. Il semble avoir fait de sa vie un challenge permanent. Et cela tant pour sa vie professionnelle que pour sa vie personnelle.

Ainsi, le lundi matin, Gilbrin raconte son week-end avec une énergie fascinante. Tout y passe : le super brunch, la soirée de folie, les moments extraordinaires passés avec ses enfants… Quand il revient de vacances, en hiver, la neige a été parfaite, le soleil a fait resplendir les glaciers, le chalet était exceptionnel et à un prix défiant toute concurrence. En été, le sable était fin, l'eau claire, les soirées vibrantes… Gilbrin veut tout démontrer : son défi permanent agace tout le monde, mais chacun cherche à le relever. Du coup, les échanges avec Gilbrin tournent à la surenchère : c'est à qui sera le plus beau, le plus malin, le plus chanceux, le « plus » tout court. Car Gilbrin est le « monsieur plus » de l'entreprise.

On l'apprécie pour cela, et il est fréquemment sollicité quand il s'agit de dynamiser une salle ou de convaincre des prospects. Gilbrin est aussi un excellent communicant et son côté fanfaron et autocentré séduit les journalistes. Avec lui, ils ont toujours une petite phrase à rapporter. La question est souvent de savoir comment arrêter Gilbrin, car lorsqu'il est lancé dans son autocélébration, il est difficile de l'en déloger.

Ce matin, c'est au tour de Célesta de se trouver dans cette situation. Elle a rejoint Gilbrin pour préparer la communication du projet Gargantua et elle est très étonnée, car, au lieu de la questionner, d'essayer de comprendre ce qu'il en est de ce projet pour pouvoir le valoriser, Gilbrin lui explique qu'il est fan de hockey sur glace, qu'il a atteint un niveau quasi professionnel et combien il est fier d'avoir été retenu comme commentateur officiel de la prochaine coupe du monde. Il parle, il parle, il parle… sans se préoccuper de savoir s'il l'intéresse. Célesta se tait, dépitée, et concentre son attention sur les lèvres de Gilbrin qui s'agitent. Elle a coupé le son et ne cherche plus à comprendre ni même à écouter.

Gilbrin finit par se lasser devant ce manque de réactions. Il stoppe net sa logorrhée, regarde avec frénésie autour de lui, en quête d'un regard ami ou d'une approbation. Mais comme rien ne vient, il dirige son regard vers son smartphone et se met à pianoter frénétiquement pour entrer en contact avec ses meilleurs amis virtuels. Il *twitte*, il *like*, il commente et il se met en scène sur les réseaux sociaux. Gilbrin a en effet été un des tout premiers adeptes de Facebook, puis il a migré peu à peu vers Twitter, Instagram, LinkedIn… Dans les moments où il pourrait se retrouver seul face à lui-même, il continue à vanter ses succès et ses réussites, les agrémentant de citations piquées sur le web et de photos qu'il prend tout au long de ses journées.

Gilbrin relève les yeux de son écran et reste figé : il n'y a plus personne ! Il cherche autour de lui, mais non, il ne s'est pas trompé : Célesta n'est plus là. Elle est partie sans rien dire ! Il n'en revient pas ! Il a suffi qu'il se détourne d'elle quelques secondes pour qu'elle se sente délaissée. Décidément, les gens ne pensent qu'à eux, ils sont entièrement centrés sur leur nombril ! C'est désespérant...

Mais voilà Rufus, Bernardine et Fulgence qui arrivent. Gilbrin se lève de sa chaise et leur fait un grand signe de la main agrémenté d'un sourire dont il a le secret. Son public avance vers lui, il a tellement de choses à leur raconter.

On ne sait pas très bien d'où vient le mot « fanfaron » auquel certains attribuent une étymologie espagnole. Fanfaron viendrait ainsi de *farfante*, lui-même issu d'un verbe qui signifierait « mal dire », « être trompeur ». Quoi qu'il en soit, le fanfaron n'est pas par définition celui qui trompe. Il est plutôt celui qui ne peut s'empêcher de claironner ce qu'il fait de façon à ce que chacun soit au courant de ses exploits, quelquefois imaginaires, souvent grossis, éventuellement réels. Le fanfaron est donc celui qui, littéralement, fait fanfare de ses actes en orchestrant leur récit. Après tout, on n'est jamais aussi bien servi que par soi-même.
Hannah Arendt avait déjà relevé que socialement, le jeu des actes est tissé dans celui des paroles. « C'est par le verbe et l'acte que nous nous insérons dans le monde humain », écrit-elle dans *La Condition*

de l'homme moderne, précisant par ailleurs que « en agissant et en parlant, les hommes font voir qui ils sont, révèlent activement leurs identités personnelles uniques ». En effet, le problème de l'action est sa volatilité. Aussitôt accomplie, il n'en resterait rien si nul ne s'avisait d'en faire mémoire par la parole. C'est pourquoi toutes les sociétés humaines narrent les exploits de héros, réels ou imaginaires, dont ils glorifient ainsi les hauts faits. Sans doute le fanfaron craint-il que ses exploits ne soient pas suffisamment célébrés, que ses actes tombent dans l'oubli, et avec eux son identité. C'est pourquoi il entreprend d'être à lui-même le narrateur de ses propres gestes. Ce n'est pas nécessairement qu'il ment ou cherche à abuser autrui. Il semblerait d'ailleurs qu'il existe trois sortes de fanfaron :

– celui qui, comme le fameux Tartarin de Tarascon, met en scène des exploits largement imaginaires ;
– celui qui grossit le trait et dont le récit en rajoute sur la réalité ;
– celui qui veille simplement à ce que chacun sache ce qu'il a fait.

Dans tous les cas, même quand il joue les désintéressés, le fanfaron ne le fait que pour tirer profit de son désintéressement. En effet, il veille soigneusement à la mise en scène de ses qualités réelles ou supposées. Ses récits sont rarement des

« tartarinades », auquel cas ils seraient d'ailleurs plutôt amusants. En règle générale, le fanfaron classique s'emploie plutôt à cultiver l'art du détour, du propos lâché en passant, du récit suspendu, de la narration faussement modeste. « Oui, c'est vrai, on a fait appel à moi..., mais je n'ai guère de mérite, il n'y avait personne d'autre... » En fait, il est plus ennuyeux que drôle, plus pathétique que comique.

Pour mieux saisir ce qu'il en est de lui, on pourrait tenter d'opposer l'humble au fanfaron, la vertu d'humilité au vice de la mise en scène de soi par soi. Il faudrait alors aller au-delà de la définition que donne Spinoza de l'humilité dans l'*Éthique* : « Une tristesse née de ce que l'homme considère son impuissance ou sa faiblesse. » Ainsi, pour Spinoza, l'humilité ne saurait être une vertu authentique puisque toute vertu est puissance, force joyeuse, pouvoir d'action. Si l'humilité était une passion triste, tous les fanfarons seraient des Tartarins aussi joyeux qu'exubérants.

Or, ce n'est pas le cas. Il n'est pas difficile en effet de deviner derrière la plupart des fanfaronnades quelque tristesse de n'être que soi, quelque complexe lié à un manque de reconnaissance. C'est parce que le fanfaron ne croit pas vraiment à sa propre grandeur qu'il camoufle son désarroi derrière des récits qui sont autant de cache-misère.

Au contraire, l'humilité véritable n'est pas tristesse, mais conscience joyeuse d'un pouvoir d'agir irréductible à ma petitesse. Le fanfaron croit qu'il faut être grand pour accomplir de grandes choses, dignes d'être narrées. L'humble authentique sait que même celui qui se reconnaît petit est capable d'actes plus grands que lui. Et c'est précisément sa joie et sa confiance qui rendent pour lui inutile toute fanfaronnade. Heureux de ce qu'il est, heureux d'être tout simplement, malgré ses limites, l'humble n'a rien à claironner tandis que le fanfaron, souffrant de n'être pas davantage que ce qu'il est, ne voit de salut que dans le discours dont il est tout à la fois le sujet et l'objet principal.

Marinka, l'ambitieuse

Ce qui paraît générosité n'est souvent qu'une ambition déguisée qui méprise de petits intérêts, pour aller à de plus grands.
François de La Rochefoucauld,
Maximes (maxime 246)

Quand on parle de Marinka, les avis divergent. On pourrait même croire qu'il ne s'agit pas de la même personne, tant ses facettes sont multiples et différemment appréciées. Pour certains, Marinka est une femme sympathique et bosseuse, pour d'autres, elle est hypocrite et opportuniste. On lui reproche de s'approprier le travail des autres, de se mettre en avant, mais on lui reconnaît aussi un grand sens de l'engagement. Recherche-t-elle le pouvoir comme certains le pensent ? Ou aime-t-elle faire avancer les projets comme le répètent ses proches ? Difficile à dire. Finalement, tout le monde est d'accord pour dire que Marinka est une femme ambitieuse, et les opinions qu'on a d'elle sont le reflet de ce que chacun pense de l'« ambition ». Une vertu ? Un vice ? C'est selon.

Marinka n'a rejoint l'entreprise Plasma que depuis six mois, mais elle est devenue indispensable et s'est imposée dans le paysage avec une facilité déconcertante. Elle semble manier tous les bons leviers, elle est à la fois une travailleuse infatigable et quelqu'un qui possède ses dossiers sur le bout des doigts. Elle sait se mettre en avant quand il le faut pour récolter des compliments, compliments parfois mérités, mais qui, en d'autres occasions, auraient pu être mieux partagés. Elle sait aussi cultiver des relations subtiles avec les « bonnes personnes », en ne confondant pas pouvoir et statut.

Tant de savoir-faire est confondant, et d'un côté son *fan club* croit voir en elle une des dirigeantes en puissance, tandis que d'autres lui réservent un mépris profond en la taxant d'« ambitieuse ». Une grande qualité de Marinka est qu'elle n'en a cure et avance en sifflotant, qu'on lui lance des fleurs ou du crottin de cheval… Son objectif est clair, elle veut « réussir » et, pour elle, la réussite passe par le pouvoir et les attributs qui vont avec. Elle ne s'en cache pas. Pour elle, l'ambition est saine et peut justifier quelques manquements à la marge, sachant que tout dépend bien évidemment de la taille de la marge. Mais tant que la marge ne touche pas le centre...

Ce lundi matin, bien avant que l'activité ne se mette en route, Marinka est déjà en rendez-vous de travail avec Vadorim, le PDG de Plasma. En effet, Vadorim a très vite repéré les grandes compétences de Marinka et surtout son envie d'avancer très vite dans la hiérarchie. Il lui a donc proposé ce point hebdomadaire qui lui permet de commencer sa semaine dans des conditions optimales, sans aucun coût d'entrée et – il faut bien le dire aussi – de profiter bien mieux de ses week-ends.

On ne peut pas dire qu'il en va de même pour Marinka, qui travaille sans dételer tous ses samedis et dimanches, et a fini par faire une croix sur sa vie privée. Mais elle n'en éprouve aucun regret : son objectif est de réussir vite et elle s'en donne les moyens. En revanche, il est hors de question de finir comme Brunehilde. Marinka n'a pas du tout l'intention de se laisser enfermer dans le piège que lui tend de façon bienveillante Vadorim. Elle connaît par cœur la dialectique du maître et de l'esclave de Hegel et sait qu'être indispensable inverse le pouvoir. Elle ne manque pas non plus de faire remonter discrètement des informations à des membres de la holding qui possède Plasma. Car Marinka a commencé à tisser d'autres réseaux de nature plus informelle qui lui permettent de faire passer des messages d'apparence anodine. Mais personne n'est dupe. Elle ne bénéficie pas non plus de l'aura d'Ambroisiane… Elle s'en moque, elle avance avec ses propres armes.

Mais l'heure n'est pas à la précipitation. Marinka sait qu'il ne faut pas avancer trop vite ses pions. S'il est bien dans ses intentions de se débarrasser de Vadorim, pour le moment il lui sert à la fois d'introduction dans le système et de tremplin vers les sphères plus élevées qu'elle vise. Elle verra, en temps et en heure, selon les équilibres en place, comment agir. Marinka sait que certains ambitieux trop pressés ou se croyant trop malins peuvent disparaître dans les oubliettes de l'entreprise, pour y rester à jamais, marqués au fer rouge de leur trahison. Peut-être lui faudrait-il se rapprocher d'Heurtebise, la fidèle d'entre les fidèles ?

Pour l'instant, elle est toute dévouée à Vadorim et lui tend habilement des perches pour qu'il comprenne bien l'analyse du dossier de rachat de Spiral. Elle constate, avec une satisfaction certaine, que Vadorim n'est pas aussi expert qu'elle le pensait en matière financière. Un bon point pour elle, à garder dans un coin de la tête. L'heure passe vite et elle doit rejoindre « le café du lundi », moment informel de reprise hebdomadaire de l'équipe de direction. Officiellement, on ne parle que des activités du week-end, des enfants, du sport, de l'actualité…, mais ce moment est incontournable – à qui sait les décoder – pour comprendre les états d'âme et les stratégies de chacun.

Il n'est pas question pour Marinka de raconter son week-end passé à plancher sur les dossiers. Ses achats en ligne de nouveaux vêtements vont se transformer en shopping avec une copine, et son heure de vélo elliptique devant une émission de décryptage économique en un footing en forêt. Peut-être ajoutera-t-elle un repas dans un nouveau lieu branché…

Marinka ne veut pas donner l'impression que son investissement lui est un fardeau, elle veut, au contraire, transmettre une impression de légèreté et de facilité, pour atténuer les critiques qu'elle entend. Elle sait que, taxée d'arriviste, elle doit encore plus travailler dans l'ombre. « Le temps fait plus que force ni que rage », c'est bien quelque chose comme cela ? Marinka lit et relit *Le Prince* de Machiavel et toutes *Les Fables* de La Fontaine. Elle a ajouté récemment à ces deux ouvrages une biographie de l'ascension de Poutine. Elle aime bien aussi se replonger dans *Les Caractères* de La Bruyère, la nature humaine reste la même, en dépit des siècles qui passent.

Elle a aussi travaillé le SONCAS[1] en vue d'avoir la clé qui lui permettra de connaître chaque interlocuteur. Avec Vadorim c'est facile, c'est le « O » d'orgueil… Elle range tranquillement ses dossiers, de façon ordonnée, pour lui faire comprendre qu'il peut compter sur elle.

1 « SONCAS » est l'acronyme d'une méthode d'approche à partir des six mots supposés représenter les motivations d'un acheteur potentiel : Sécurité, Orgueil, Nouveauté, Confort, Argent, Sympathie.

Aujourd'hui, d'une voix douce qui ne peut l'inquiéter, elle s'adresse à Vadorim : « Je voulais vous le dire depuis un moment... Je tiens à vous remercier pour tout ce que vous m'apportez. Vous me faites grandir, c'est une chance pour moi, et je tenais à ce que vous le sachiez. » Vadorim se rengorge discrètement. Il en a vu d'autres et il sait reconnaître les manœuvres, mais tout de même, ça flatte son *ego*, une reconnaissance aussi spontanée !

Marinka referme doucement la porte sur l'antre sacré de la direction. Une fois dans le couloir, elle adopte une tout autre attitude, conquérante et sûre d'elle, car il faut que ceux qui la croisent soient convaincus de son énergie. Mais une fois franchie la porte de la salle de réunion où elle retrouvera les membres du comité de direction, elle redeviendra une personne effacée et inoffensive. Il est hors de question de présenter son rendez-vous avec Vadorim autrement que comme un moment obligé de signatures avec la super-secrétaire qu'elle est. Atténuer, atténuer, atténuer... attendre, attendre, attendre... C'est son mantra depuis qu'elle est chez Plasma.

Alors, comment voyez-vous Marinka ? Super-docile ? Super-dynamique ? Super-bosseuse ? Super-stratège ? Impossible de trancher... Mais super-amitieuse, oui, assurément.

Le problème, avec l'ambition, c'est son incroyable équivocité. Pour les uns, elle est un vice ; pour les autres, une vertu. On peut louer l'ambitieux aussi bien que le blâmer dans l'acte même où on reconnaît son ambition. L'usage courant des termes alimente d'ailleurs l'équivoque. Le substantif « ambition » n'a en soi pas grand-chose de péjoratif, et dire de quelqu'un qu'il a des ambitions, c'est souvent rendre hommage à la hauteur de ses projets. En revanche, si du même individu on dit que c'est un ambitieux, la réprobation morale est à peine voilée. Dans le premier cas, ambition est synonyme d'idéal, d'aspiration élevée ; dans le second, elle est synonyme d'orgueil.

L'étymologie pourrait peut-être nous aider à y voir un peu plus clair. Le mot ambition vient d'un verbe latin *ambio*, qui signifie « tourner autour ». L'ambitieux, en effet, sait que son objectif ne peut être atteint directement, que la ligne droite n'est pas le plus court chemin pour aller de sa situation présente à sa situation espérée. Une promotion assurée n'est plus l'objet d'une ambition. En revanche, celui qui espère une promotion sait qu'il vaut mieux éviter de la manifester à découvert, auquel cas il s'exposerait à l'hostilité de ses concurrents éventuels, ou à passer pour un orgueilleux. Ainsi, l'ambition consiste à agir en vue d'un but autour duquel on tourne en essayant de s'en approcher peu à peu, pas à pas. L'ambitieux véritable est toujours un stratège.

Mais l'ambition n'est pas rêve chimérique. Elle n'a de sens qu'à viser un bien (un pouvoir, une promotion, une compétence, un titre...) dont l'obtention dépend en partie de soi. Pour un joueur de tennis classé dans les dix premiers mondiaux, l'ambition de devenir numéro un est parfaitement légitime. Pour un gamin qui découvre les joies de ce sport, la même idée ne serait qu'un rêve juvénile.

Comprendre cela, c'est comprendre que l'ambition n'est pas à proprement parler une passion. Elle n'est pas subie comme quelque chose qui nous affecte et met à mal notre raison, mais entretenue comme une puissance rationnelle de l'âme qui sait ce qu'elle veut et se montre capable d'envisager les moyens possibles de l'obtenir. L'ambitieux véritable est donc tout à fait capable de faire la distinction proposée dans le *Manuel* d'Épictète entre les choses qui dépendent de nous et celles qui n'en dépendent pas. Pour les distinguer, il écrit ceci : « De notre ressort sont le jugement, le désir [...] et en un mot toutes nos œuvres. »

Œuvre, voilà peut-être le mot-clef pour comprendre l'ambition. L'ambitieux n'attend pas que les événements lui soient favorables, il s'organise, s'investit, agit pour se rapprocher davantage de l'objet de son ambition. Ainsi, on reconnaît le véritable ambitieux à ceci qu'il s'est déjà donné les moyens de son ambition. D'une certaine façon, il a déjà commencé à devenir celui qu'il aspire à être. Si c'est un sportif, il s'entraîne dur. Si c'est un cadre, il s'investit efficacement ; si c'est un élève, il s'applique dans son travail. Avoir l'ambition de devenir un grand sportif, un manager compétent, un bon élève, c'est l'être déjà.

S'il convient donc de se méfier des fausses ambitions, qui sont souvent des passions déguisées, il n'y a pas lieu de dénigrer les ambitions authentiques. La Rochefoucauld voit juste quand il suppose que « la guerre d'Auguste et d'Antoine, qu'on rapporte à l'ambition qu'ils avaient de se rendre maîtres du monde, n'était peut-être qu'un effet de jalousie » (maxime 7). Mais si l'image de l'ambition peut dissimuler jalousie, appétit de domination, paresse ou rêverie, l'ambition véritable se reconnaît à des engagements et à des choix rationnels.

Ce n'est donc pas l'ambition en elle-même qui pose problème, ni l'ambitieux bien sûr, mais l'objet de cette ambition. Il y a quelque chose d'immense dans la fameuse formule du jeune Victor Hugo qui proclame qu'il sera « Chateaubriand ou rien ». Il y a quelque chose de sublime dans l'ambition d'un saint François d'Assise de devenir un saint. Il y a quelque chose d'éminemment respectable dans bien des ambitions politiques ou économiques. La ligne de partage, d'un point de vue moral, semble se situer entre l'ambition d'être et l'ambition d'avoir. Ce n'est pas la même chose d'aspirer à être député (à en assumer la fonction et les responsabilités) et d'aspirer à en porter le titre. Ce n'est pas la même chose de vouloir accomplir de grandes choses ou de vouloir obtenir de grands biens. Toute ambition authentique est ainsi ambition d'être. Et pour devenir celui que l'on souhaite être, il n'est pas d'autre voie que celle de l'action engagée, courageuse et rationnelle. C'est là que l'ambition se fait vertu, c'est-à-dire puissance de croissance, pour soi, peut-être, mais aussi pour les autres.

Heurtebise, la traîtresse ou la conspiratrice

Il faut qu'un prince qui veut se garder des conspirateurs se défie encore plus de ceux qu'il a comblés de faveurs que de ceux qu'il a offensés.
Machiavel, *Discours sur la première décade de Tite-Live*

Mais qu'est-il arrivé à l'entreprise Plasma ? Auparavant, les locaux étaient en pleine effervescence du matin au soir, dans les couloirs se croisaient des collaborateurs dynamiques et engagés. Les clients avaient plaisir à venir. La salle du personnel résonnait de rires et de disputes vives et assumées. Depuis quelque temps, les portes des bureaux sont fermées, les couloirs sont vides, les salles sont silencieuses… C'est que le vent de la discorde a soufflé. Durant des semaines, chacun a retenu son souffle, essayant de percevoir, comme il le pouvait, les évolutions d'une situation très complexe. Que s'est-il passé ? Après dix ans de collaboration sans faille, Heurtebise, bras droit de Vadorim, l'a trahi pour prendre sa place. Elle a profité d'un changement d'actionnaire pour devenir PDG à la place du PDG. Ce coup d'État laissera des traces nombreuses et durables dans les têtes et les cœurs. Heurtebise restera une traîtresse aux yeux de tous.

Vadorim dirige l'entreprise Plasma depuis sept ans. Il y est arrivé en parfait inconnu avec pour mission de redresser l'entreprise, alors au bord de la faillite. Il s'est attelé à cette tâche avec un engagement sans faille. Sa première action a été de recruter une équipe de direction pour le seconder, car le diagnostic était très sombre. Très vite, il a imposé Heurtebise comme numéro deux de l'entreprise. Il affirmait qu'elle était son bras droit et son bras gauche, une amie de « vingt ans », car ils avaient fait leurs études ensemble. Ils passaient des heures en longues conversations stratégiques, alors que tous les autres bureaux étaient vides depuis longtemps. Dans ses discours, Vadorim réservait systématiquement une dédicace spéciale à Heurtebise, la remerciant pour son implication et son apport à la dynamique de Plasma. Cette belle harmonie semblait ne jamais devoir prendre fin.

C'était sans compter sur la capacité d'Heurtebise à camoufler ses sentiments et à agir dans l'ombre. Sans que personne se doute de rien, Vadorim encore moins que les autres, Heurtebise a commencé à tisser sa toile. Des conspirations se sont organisées, des stratégies se sont mises en place, des réseaux se sont concertés. Des alliances inédites se sont créées avec pour seul mot d'ordre le « contre ». C'est aussi le moment où les fomenteurs ont rassuré et cajolé Vadorim pour mieux l'endormir. On ne peut, par définition, être trahi que par ceux en qui on a confiance.

Dans un deuxième temps, la rumeur a fait entendre sa petite musique grinçante. La rumeur, le plus ancien média du monde, a trouvé avec internet un amplificateur formidable. Lancée par Heurtebise et ses quelques complices invisibles, des rumeurs ont commencé à se répandre, incontrôlables, laissant à chacun le soin d'attraper ce qu'il voulait bien entendre ou comprendre. En quoi consistaient ces rumeurs ? Certaines portaient sur l'environnement professionnel : plus personne n'avait envie de travailler dans l'entreprise Plasma ; les salariés se sentaient démotivés, découragés et ne se retrouvaient plus dans l'entreprise après les évolutions qu'elle avait connues. D'autres portaient atteinte à la vie personnelle de Vadorim…

Petit à petit, un autre phénomène s'est mis en place. Comme dans *Knock ou le Triomphe de la médecine* de Jules Romains – dans lequel tout bien portant est un malade qui s'ignore –, tout salarié de Plasma satisfait s'est peu à peu découvert en victime. Le temps passant, sous les assauts de petites phrases lancées par Heurtebise comme : « On nous cache tout, on ne nous dit rien » ou « Il n'y a pas de fumée sans feu », le doute s'est installé, même chez les plus confiants en l'avenir et dans le fonctionnement de leur organisation. Au bout du compte, ceux en qui Vadorim avait placé sa confiance, qui l'avaient entouré, qui l'avaient assuré « les yeux dans les yeux » de leur loyauté ont fini par tomber les masques. Heurtebise aura été la dernière à révéler sa trahison et aura pu bénéficier jusqu'à la fin des confidences, des interrogations, mais aussi des projets de Vadorim.

Un matin, Vadorim s'est mis à compter les banderilles qu'on lui avait plantées dans le dos, demeurant incrédule devant leur nombre et leur provenance. Même lui ? Elle aussi ? Il a alors dû faire le deuil de la confiance, de la franchise, de la parole libre, de la loyauté, mesurant la fragilité de ces valeurs qui ont toujours été fondamentales pour lui. Il s'est repassé le film de ces années, le ponctuant du petit refrain lancinant des « Et si… » Pourtant, il n'arrivait pas à trouver la faille, tant on lui avait menti. Il a longuement questionné Heurtebise, mais n'a pas su interpréter son silence ni tirer parti de ses suggestions.

Puis le jour est arrivé où Vadorim, malgré son bilan, malgré sa loyauté envers Plasma et son engagement total dans l'entreprise, a été débarqué au profit d'Heurtebise.

Une situation qui fait, de plus, des dégâts collatéraux, puisque les proches de Vadorim en sont aussi victimes. Verdict à double peine, car Vadorim risquait de devenir le témoin gênant des trahisons, des incompétences, des lâchetés… Heurtebise a donc négocié le départ et le silence de Vadorim, comme si sa trahison allait disparaître avec lui.

Heurtebise est désormais PDG de Plasma et travaille avec ceux-là mêmes qui ont entouré Vadorim pendant toutes ces années. Elle l'ignore ou feint de l'ignorer, mais beaucoup l'appellent à voix basse « la traîtresse ».

Le traître, au sens propre, n'est pas une figure de la vie privée, mais une figure politique. Un ami peut bien être fourbe ou infidèle. Toutefois, ce qui fait de lui un traître n'est pas quelque renversement d'humeur qui porterait préjudice à notre amitié, mais une façon de conspirer pour se servir d'une amitié prétendue à des fins d'acquisition d'un pouvoir. Ce pouvoir peut être un pouvoir symbolique, économique ou politique. Mais quelle qu'en soit la nature, il est un pouvoir que détient celui contre qui le traître a entrepris de conspirer. Ainsi, la figure de Iago, dans *Othello* de Shakespeare, n'est pas celle du traître, mais du fourbe. S'il conspire, ce n'est pas pour obtenir le pouvoir, mais pour se venger de son maître en le rendant fou de jalousie.

La trahison est donc une possibilité résiduelle de la *libido dominandi*, de cet instinct de domination qui, d'après saint Augustin, hante le cœur de l'homme. Mais si chaque homme aspire au pouvoir le plus grand possible, le jeu social est tel qu'il nous apprend aussi les compromis nécessaires pour gravir les échelons de la hiérarchie en respectant globalement les règles du jeu. Il est plus facile en effet d'exercer un pouvoir obtenu de façon légitime que de faire valoir une autorité usurpée, acquise par ruse et conspiration. Machiavel, dans son *Discours sur la première décade de Tite-Live*, considérait que trois dangers guettent les conspirateurs: avant, pendant et après leur trahison. Évoquant les dangers qui suivent l'exécution, il ne retenait que celui-ci: « Qu'il reste quelqu'un qui venge le prince mort. » Mais il en est au moins un autre: que celui qui a obtenu le pouvoir au prix d'une conjuration ne soit jamais regardé comme pleinement légitime. Toujours, l'image du traître lui collera à la peau. Et s'il a trahi pour le bénéfice d'un autre, un homme de paille généralement, c'est ce dernier qui sera considéré comme l'illégitime bénéficiaire d'un complot. Toutes les conspirations affaiblissent les institutions qu'elles entendent bousculer.

On pourrait se demander en vertu de quel tour de caractère ceux qui aspirent à trahir préfèrent parfois l'ombre de la conjuration aux lumières de l'opposition déclarée. Certes, il existe dans nos sociétés, dans nos entreprises ou dans nos associations des individus qui ne camouflent rien de leur opposition au pouvoir en place. Ceux-là n'ont rien de traîtres. Mais comme le relevait encore Machiavel (lisez le livre VI de l'ouvrage cité !), « peu d'individus sont en état de faire une guerre ouverte à un prince, mais chacun est à même de conspirer ». Il faut du courage pour s'opposer frontalement à un pouvoir, et il y a une véritable forme d'honnêteté à déclarer ses ambitions à ceux qu'on envisage de destituer. Mais le jeu des conspirations ne requiert nulle vertu particulière. Il est à la portée des médiocres et des veules, des lâches et des hypocrites.

Notons aussi que la figure du traître conspirateur a ceci de rassurant qu'elle n'est pas la figure d'un homme seul. Il peut y avoir quelque chose de fascinant dans le traître isolé qui marche dans l'ombre, opiniâtrement, pour parvenir seul à ses fins. Mais le jeu social est ainsi fait que, en général, on conspire et on trahit à plusieurs. On se sent plus forts d'être unis dans l'ombre et de pouvoir nourrir sa propre haine à la haine de ses conjurés. Sans doute aussi se sent-on alors un peu moins coupables.

Mais il est remarquable que les conspirations collectives engagent toujours ceux que Machiavel appelle « les grands de l'État ou les familiers du prince ». En langage moderne, les familiers du chef, les cadres dirigeants, le *staff* opérationnel. La raison en est simple : « Tous les autres, à moins qu'ils ne soient fous, ne peuvent chercher à conspirer. Il leur manque tout ce qui est nécessaire pour espérer monter une conjuration. D'abord, des hommes qui ne peuvent rien n'ont pas de quoi s'assurer la fidélité de leurs complices. » Là encore, la lucidité de Machiavel, même si elle frôle le cynisme, a quelque chose d'indépassable. Il faut, pour comploter, faire des promesses à ses conjurés. Il faut organiser les conditions de la trahison, rassembler ceux qui seraient susceptibles de se joindre à nous, connaître ceux qui ne trahiront pas et auprès desquels il ne faut surtout pas se découvrir. En bref, il faut appartenir déjà aux cercles du pouvoir.

Faut-il que ces hommes ou ces femmes aient été frustrés de la reconnaissance qu'ils estimaient leur être due ? Se sont-ils sentis maltraités ? Sans doute cela y est-il pour quelque chose. Il y a souvent quelque sentiment de déception derrière la trahison. Mais un tel sentiment n'est pas absolument nécessaire. Il arrive que ceux qui ont été comblés de responsabilités, de fonctions élevées et de reconnaissance régulière ne soient pas pour autant immunisés contre la « conspirationite ». Pour comprendre ce phénomène étrange, mais très humain, laissons une dernière fois la parole à celui qui nous a guidés dans notre réflexion tout au long de cette analyse : « Tous ces favoris avaient été comblés par leurs maîtres de tant de biens, d'honneurs et de dignités, qu'il ne leur manquait plus que le trône pour combler leur puissance et leur ambition, et ils conspirèrent pour y monter. »

Épilogue

Un si petit monde…

Derrière la diversité des portraits que nous venons de brosser, on aura pu reconnaître sans doute, ici ou là, tel ou tel individu auquel on aurait pu donner un autre nom. Non plus Lothaire ou Bernardine, Tharpesse ou Fulgence, mais Jacques, Marie ou n'importe qui d'autre que nous croisons régulièrement au travail, dans une association ou un club sportif. En effet, ces « caractères » aux traits bien accusés se rencontrent partout. En eux se décline toute l'humanité, avec ses formes multiples et ses façons variées de s'incarner.

Il ne faudrait pas croire, toutefois, que chacune de ces personnalités existe telle quelle. Il est d'ailleurs toujours réducteur de prétendre ranger les personnes dans des catégories bien définies, derrière des étiquettes qui en indiqueraient les propriétés essentielles. Hegel remarquait déjà que « espèce de… » est l'injure par excellence. Traiter quelqu'un d'espèce de lâche, d'incompétent ou de compliqué c'est, littéralement, prétendre définir l'espèce à laquelle il appartient. Celle des *cool*, des blasés ou des frustrés. Mais un être humain, contrairement aux animaux, ne saurait être rangé sous une espèce particulière. Tous les hommes sont des hommes, certes, mais chaque individu est une façon dynamique et singulière d'incarner l'humanité tout entière.

Ainsi, ce petit livre sans prétention aura atteint son but s'il sert non pas à étiqueter des collègues, des supérieurs ou des subordonnés, mais d'abord à reconnaître en soi-même tel ou tel trait qui appartient à des types variés. Il y a en moi, qui que je sois, quelque chose de Brandon, de Jasper, de Réaldina ou d'Hérione. Parfois, je suis lâche, parfois vaniteux. Mais parfois aussi je sais me montrer *cool*. Il faut comprendre ici que notre personnalité n'est pas une essence immuable.

Un ami qui nous surprend par une agressivité nettement injustifiée peut avoir cette réplique étrange : « Je suis comme ça, on ne me changera pas. » Derrière cette apparente lucidité un peu désabusée se dissimule à peine un déni de réalité. D'abord parce que chacun de nous est capable de changer, au gré de certains événements ou au prix d'un travail sur soi. Ensuite parce que, comme l'avait déjà bien vu Aristote il y a presque vingt-cinq siècles, on a le caractère que l'on s'est forgé. Ce n'est pas parce que je suis par nature despotique que je me conduis en despote. Au contraire, c'est à force d'avoir pris l'habitude de me comporter despotiquement que je suis devenu tel. Et la structure dynamique d'une personnalité est ainsi faite que nous pouvons toujours changer. C'est cela aussi qui signale notre liberté, par-delà tous les déterminismes sociaux, psychologiques ou génétiques plus ou moins avérés.

Ce petit livre n'a donc pas d'abord été écrit pour que nous jugions mieux les autres, mais pour que nous apprenions à mieux nous juger nous-mêmes. Toute connaissance d'autrui passe en effet au premier chef par une meilleure connaissance de soi. On reconnaîtra l'une des trois formules qui ornaient le fronton du temple de Delphes : « Connais-toi toi-même. » C'est bien par là qu'il faut commencer, à plus forte raison quand nous nous trouvons engagés dans une entreprise qui nous oblige à travailler avec d'autres, à les écouter, à les orienter ou à leur obéir.

Enfin, le lecteur aura peut-être été surpris par le caractère « négatif » de la plupart de ces portraits. À part Ambroisiane, Fiorenzo ou Anatolia, la plupart des portraits présentés pourraient sembler peu flatteurs. Il ne faudrait surtout pas voir dans cette sélection une sorte de misanthropie. C'est simplement que, si nous sommes toujours heureux de pouvoir rencontrer parfois de belles personnalités, généreuses et profondément humaines, de celles-ci, il n'y a pas grand-chose à analyser. Analyser, en effet, c'est décomposer, et les personnalités les plus exceptionnelles se signalent surtout par leur simplicité :

elles sont belles parce qu'elles sont simplement ce qu'elles sont, coïncident avec elles-mêmes en formant une unité indécomposable. Les analyser, ce serait par conséquent les trahir.

En revanche, ce sont tous nos défauts, petits et grands, qui font de nous non pas des personnes complexes (nous le sommes tous), mais des individus compliqués. À ce titre, Éduin est sans doute un caractère type. Et si toute complication s'offre à l'analyse, c'est dans l'exacte mesure où elle permet de montrer que tout défaut (ou tout vice, si nous tenons à ce terme ancien) est discordance. Aucun de nous n'est exactement ce qu'il prétend être, encore moins ce qu'il voudrait être. C'est là la marque de notre commune imperfection qui ne nous rend pas moins estimables.

Respectables aussi, au sens le plus fort du terme. En effet, l'estime, comme l'avait remarqué Blaise Pascal, va aux qualités singulières d'une personne. Mais le respect que l'on doit à chacun est irréductible à ses qualités ou à ses défauts. L'estime va à la personnalité. Le respect va à l'homme comme être de liberté, infiniment fragile, infiniment précieux.

Table des matières

Histoire de se mettre dans l'ambiance… 7

Quelques précisions avant de franchir le seuil de Plasma 19

Lothaire, le perso 25

Ambroisiane, la plus-que-parfaite 33

Brandon, le castrateur 41

Fulgence, le blasé 49

Rufus, l'incompétent 57

Paterne, le vaniteux 67

Bernardine, la lâche, celle qui n'assume rien 75

Jasper, le despote 83

Godehilde, la croisée 93

Wilbur, le procédurier 103

Fiorenzo, le bien-aimé de tous 113

Hérione, la frustrée 123

Irmeline, la victime 131

Réaldina, l'hypocrite 141

Éduin, le compliqué 151

Tharpesse, la méchante 159

Léox, l'homme-machine 169

Anatolia, la *cool* 179

Kantz, le passager clandestin 189

Gilbrin, le fanfaron 199

Marinka, l'ambitieuse 207

Heurtebise, la traîtresse ou la conspiratrice 217

Épilogue – Un si petit monde... 227

Achevé d'imprimer par Présence Graphique,
en mars 2017
N° d'imprimeur : 031757423

Dépôt légal : avril 2017

Imprimé en France